手繪 匈牙利

Hungary

莊宏哲 圖文・攝影

隨興畫所見，輕鬆說所聞，
漫遊在匈牙利的彩繪時光……

〈作者序〉

古蘊風華・彩繪情懷

　　13 世紀曾有匈牙利傳教士進行「尋根」之旅，證實了他們的祖先馬札爾人是來自東方的民族。但是，自開國君主伊斯特凡國王（István）推行西化政策以來，這個民族經過千年西方文明的洗禮，除了極少的傳統習慣還留有東方的遺風外（像是「姓在前名在後」的姓名排序），如今的庶民生活已是十足的西化了。因為這樣，匈牙利在西方世界中算是個較為特殊的國家，淵源雖來自於東方、現實卻生活在西方，所以如果說匈牙利人是個「既東又西的民族」，應該一點都不為過。

　　自西元 1000 年伊斯特凡國王（István）開國，先是以拉丁語系文字取代了自己原用的「古匈文」，又接受了西方世界的基督教文化訂定天主教為國教，同時引進西方律法習慣來規範人民生活。13 世紀因為蒙古「黃禍」的蹂躪，為了彌補男丁嚴重的折損，於是大力促進與鄰近國家的通婚。15 世紀時期，年輕國王馬提亞斯（Mátyás）引進義大利的文藝復興風潮，再次將文化往西方世界推進一大步。接著 16 至 18 世紀，奧圖曼帝國土耳其人的入侵，長達 150 年的異族統治；其後，19 世紀奧地利、俄國的相繼侵犯；以至「奧匈帝國」（1867～1918）的黃金時代；還有近代德國（1944）、蘇聯（1945～1989）宰制下的風雲變色。這些歷史過往都為這個東方民族加入了諸多的西方元素。直到 1989 年脫離共產集團，自極權政體過渡到民主社會，經歷了從掙扎到轉型的過程。經歷這樣千年歷史洪流的洗禮，終於讓這個民族孕育出豐富多元的文化內涵。

　　在我的公職生涯中，有幸兩度派駐匈牙利擔任新聞外交官，在這兩任長達八年的任期中，適逢這個國家的轉型過程，因而親身體驗了一些光怪陸離的現象，也親眼目睹了她的脫胎換骨。在旅居布達佩斯期間，因為工作關係而與匈牙利人交往密切，足

跡也幾乎行遍匈牙利全境，因而對於這個國家的地理、人文、風俗、民生，算是具有相當程度的了解與認識，自認可以算是半個「匈牙利通」。

2010 年及 2011 年我曾先後為「華成出版社」寫了兩本關於匈牙利及布達佩斯的書，內容大都著眼於旅遊及城鄉的介紹；其後 2014 年我又寫了一本關於 1771 年首位匈牙利人探訪台灣的書（由「前衛出版社」出版），這書則屬歷史研究。至於這本剛出爐的新書，則希望帶給讀者更深入生活面的文化體驗。所以，此新撰之作文字方面著墨在個人旅居之生活體驗及經驗分享，以及匈國特殊人文底蘊和風土民情的描述；圖片部分除了搭配內文之相關照片外，特別的是 60 幅個人手繪的水彩速寫畫作。這些畫作多數是近幾年來公餘之暇的閒品，少數是退離公職後教授繪畫時的隨作。我個人雖非美術科班出身，但自幼即與繪畫結緣，尤喜水彩創作；因而在賦歸田園之後，便潛浸水彩繪畫之創作及教學。

最後，希望讀者可以透過這一幅幅輕鬆的彩繪，慢慢地品味匈牙利這個民族的文化內涵。當然，如果也想來次悠閒的觀光旅遊或是來個深度的歷史探索的話，前述敝人的三本拙作《匈牙利──走馬不看花》、《布達佩斯──走馬不看花》以及《1771福爾摩沙──貝紐夫斯基航海日誌紀實》，也許就是不錯的延伸閱讀。

莊宏哲　謹誌

目錄

Contents

又醜又老的女人

狗兒為何不流浪

「新藝術」建築在匈牙利

「古蘊風華」特寫

多瑙河的
美麗與哀愁

夢幻的「藍色多瑙河」

　　相信許多人對於多瑙河（匈文 Duna）的美麗想像，都是來自小約翰史特勞斯所創作的那首〈藍色多瑙河〉圓舞曲——當樂音響起，眼前彷彿就出現了一對對男女婆娑起舞的畫面。這美麗的想像，無疑地讓多瑙河成了世人嚮往一窺的景點。多瑙河在萬里無雲的藍天映照之下，有時的確泛漾出讓人有美麗想像的蔚藍水光，但也並不是天天可見。老實說，我在匈牙利首都布達佩斯（Budapest）前後總共住了八年，來去過往多瑙河應該不下五、六千次之多，還真的不常見到河水是藍的；尤其當你再湊近河邊一瞧，水也不清也不藍，還帶有點混濁。所以只能說，像這樣的「藍色多瑙河」還必須是天氣對了或時間對了，才有機會見得到。

　　一般來說，在天氣晴朗的情況下（這點在匈牙利似乎不難）從高遠處觀察的話，是有機會見到「藍色多瑙河」的。要不就是在黃昏與夜晚交替瞬間的所謂「藍色時刻」（blue hour），天光一片湛藍倒映在水面，這時的多瑙河確實又藍又美；只是這種「藍色時刻」的天象可遇不可求，而且也不會持續太久，一般不到 10 分鐘就稍縱即逝了。

　　有回跟內人在黃昏時刻走上「瑪格麗特橋」散步，才步過多瑙河一半，突然神回地轉頭往佩斯這端一望，大驚一叫：「哇！從來沒見多瑙河這麼藍過！」所以，想也不想地就趕緊拿出隨身的相機，拍下這難得一見的「藍色時刻」多瑙河美景，時間是下午 4 點 32 分（冬天太陽下得較早）。在布達佩斯住了這麼許多年，也不過僅此一次讓我真正見識到傳說中夢幻的「藍色多瑙河」；此時，我的內心深處有個聲音直呼：值得！值得！

1

2

1. 多瑙河泛漾出的蔚藍水光，河岸雄偉的建築是國會大廈 2. 「藍色時刻」多瑙河美景

每座橋梁
都有段故事

　　多瑙河水流發源於德國黑森林地區，她是世界上流經國家最多的河流，一路經過德國、奧地利、斯洛伐克、匈牙利、克羅埃西亞、塞爾維亞、羅馬尼亞、保加利亞、摩爾多瓦和烏克蘭等十國，最後注入黑海。

　　雖然多瑙河流經包括匈牙利等 10 個國家，但是流經匈牙利首都布達佩斯這段被認為是最美麗的，也因此被聯合國教科文組織（UNESCO）列為「世界文化遺產」。河流所經擁有許多美麗的景致，其中像是橋梁、瑪格麗特島、城堡區、國會、「多瑙河之鞋」等都是不可錯過的重點。

　　當多瑙河流經布達佩斯市區時，一共穿越過七座橋梁，分別是：

‧Árpád híd（英文 Arpad bridge）

‧Margit híd（英文 Margaret bridge，中文習稱「瑪格麗特橋」）

‧Széchenyi Lánchíd（英文 Chain bridge，中文習稱「鍊橋」或「項鍊橋」）

‧Erzsébet híd（英文 Elisabeth Bridge，中文習稱「白橋」或「伊莉莎白橋」）

‧Szabadság híd（英文 Liberty bridge，中文習稱「綠橋」或「自由橋」）

‧Petőfi híd（英文 Petofi bridge，中文習稱「裴多菲橋」）

‧Rákóczi híd（原稱或習稱 Lágymányosi híd，英文 Lagymanyosi bridge）

　　另外，在布達佩斯北郊還有一條 Megyeri híd（英文 Megyeri bridge），這些橋梁除了 Szabadság híd（Szabadság 是「自由」、híd 是「橋」之意）之外，其他每座橋都是根據歷史偉人的名字來命名的，所以幾乎每座橋都可以講一段故事。

*1.*布達佩斯英雄廣場中央有個 7 人騎馬的雕像，其中領頭的那位便是 Árpád 大族長，其他幾位則是分別代表不同部族的族長 *2.*站在瑪格麗特橋上近年新增的王冠石雕前，我的內人相對顯得嬌小 *3.*夜幕低垂下，穿梭在瑪格麗特橋上的車流和剛剛點亮的華燈，譜出一幅浪漫的布達佩斯夜景

　　Árpád híd 是紀念 9 世紀時的 Árpád 大族長，他於西元 896 年帶領匈牙利人的祖先馬札爾人定居於此，所以也被匈牙利人尊為共同的祖宗。如果到布達佩斯的英雄廣場參觀，在廣場中央一定會看到有幾個騎馬的雕像，其中領頭的那位便是 Árpád 大族長，其他幾位則是分別代表不同部族的族長。

　　瑪格麗特橋（Margit híd）是布達佩斯第二大橋，橋名是紀念 13 世紀的瑪格麗特公主，她原是貝拉（Béla）四世國王最小的女兒，4 歲便獻身進入修道院，18 歲時成為修女。多瑙河中的小島「瑪格麗特島」也是以她為名（參 P.18），而瑪格麗特橋則跨經這個小島。這座橋特別的是它並非直橋，而是橋身呈現 165 度夾角的「> 形」彎橋，轉角處另伸出一條小橋通往瑪格麗特島，可以從這小橋步行上島，但是開車的話必須從島另一端的 Árpád híd 橋才能上島。

鍊橋（Széchenyi Lánchíd）是布達佩斯多瑙河上最早興建也是最大的一座橋，以 Széchenyi István 伯爵之名來命名的，他是匈牙利近代最受尊崇的改革家，現今流通使用的「5,000 元紙幣」上的頭像便是他。有一個說法是在多瑙河出現此橋之前，當時兩岸的往來交通完全依賴擺渡的小船，Széchenyi 伯爵則經常由佩斯搭船前往布達探視他年邁的父親。有一年冬天他父親病重垂危，但碰巧多瑙河結冰無法行舟渡河，等到冰退可以渡河前往探視時，他的父親卻已撒手人世。為了讓這樣的人倫憾事不再發生，他於是四處奔走發動募資並自捐一年的薪水，終於在 1849 年讓多瑙河上的這第一座橋梁竣工通行了。

　　至於一般習稱「白橋」的伊莉莎白橋（Erzsébet híd），則是以奧匈帝國伊莉莎白皇后為名的一座橋。伊莉莎白皇后出身自巴伐利亞一個貴族家庭，常被家人暱稱為西西（Sisi 或 Sissi），因此也習稱「西西公主」，她嫁給了奧地利皇帝法蘭茲・約瑟夫

（Franz Joseph，匈文 Ferenc József）。她的美貌風姿幾乎征服了整個歐洲，當時曾被稱為「世界上最美麗的皇后」，有關她的故事曾在 1955 年被拍成電影，稍為年長的人或許看過《我愛西施》這部電影吧。因為她對匈牙利人特別地友善親切，因而備受匈牙利人的喜愛與尊崇。

1. 從布達山區鳥瞰，可以看出鍊橋橫跨多瑙河宏偉壯觀的氣勢，左上方紅色圓頂的建築是國會大廈 *2.* 伊莉莎白橋 1903 年初竣時樣貌並非如此，因為在二戰時曾被炸毀，今日白色現代化新橋是 1964 年所重建的 *3.* 伊莉莎白橋在布達這端的下橋處有個小公園，公園裡有座伊莉莎白皇后（西西公主）的雕像 *4.* 每當夜晚鍊橋吊纜上的燈光點亮，它就好似垂掛在多瑙河上的一串珍珠項鍊，因而也有「項鍊橋」之名

習稱「綠橋」的自由橋（Szabadság híd）得名自「Szabadság」這個字，這字在匈文就是「自由」之意。因為當時通橋儀式係由奧地利皇帝法蘭茲‧約瑟夫主持，並由他安上最後一根鉚釘，因此這座橋最初之名為「Ferenc József híd」。此橋二戰時亦曾受損，1946 年重建後，於同年 8 月 20 日國慶日始改稱為「Szabadság híd」。

「Petőfi híd」中文稱之為裴多菲橋，提到「裴多菲」（Petőfi）這個名字，或許大家覺得很陌生，但是如果提到〈自由與愛情〉這首裴多菲的詩，相信應該很多人都能琅琅上口吧。詩云：「生命誠可貴，愛情價更高；若為自由故，兩者皆可拋。」沒錯，這座橋梁正是命名自這位匈牙利愛國詩人。詩人的匈文全名是「Petőfi Sándor」，按匈牙利人姓名的排序，Petőfi 是姓不是名，中文習稱他「裴多菲」其實是按英文姓名習慣的翻譯；至於真正他的匈文名 Sándor（山多爾），即是英文的 Alexander（亞歷山大）。1848 年他年方 25 歲，便領導了對抗奧地利的武裝起義，這場起義後來演變成匈牙利的愛國戰爭。現今在首都布達佩斯及他的家鄉 Kiskőrös 小鎮上，都有他的紀念博物館，布達佩斯的多瑙河畔也有座紀念他的雕像。

「Rákóczi híd」這座橋自 1995 年建成時原稱「Lágymányosi híd」，但從 2011 年起才開始改稱為「Rákóczi híd」，主要是為了紀念 Rákóczi Ferenc（二世）。Rákóczi Ferenc 出生自一個貴族世家，他於 18 世紀初葉，起身領導匈牙利人對抗哈斯布王朝，因而被匈牙利人尊為民族英雄，現今流通使用的「匈牙利 500 元紙幣」上的人頭像便是他。

1. 佇立在布達佩斯多瑙河畔的裴多菲雕像，右手振臂高舉似乎正在呼喊著：「起來！匈牙利人，祖國正在召喚！」（他起義時朗誦的〈民族之歌〉詩詞的首句，左手握執的或許就是這首〈民族之歌〉的手稿）2. 自由橋橋梁上端裝飾的圖像，正是匈牙利的國徽 3. 1946 年重建後改稱為 Szabadság híd 的自由橋，因為橋身是綠色的，所以時常簡而稱之「綠橋」

錬橋／布達佩斯

〇〇〇〇〇〇〇〇〇〇〇〇

　　布達佩斯最美麗、最有名氣的橋梁，當然就是這座「錬橋」。「錬橋」是布達佩斯多瑙河上最早興建也是最大的一座橋，係以 Széchenyi István 伯爵之名來命名的。

　　「錬橋」橋頭的石獅雕像也很有名氣，因為有人發現這些獅子沒有舌頭，但這「無舌獅子」的爭議，反倒成了錬橋的另一特色。「錬橋無舌獅子」的俗諺，也成了警告「長舌婦」的代名詞。

★相關資訊：www.bridgesofbudapest.com/bridge/chain_bridge

西西公主夏宮／Gödöllő

這座西西公主（Sisi 或 Sissi）的夏宮是匈國有名的巴洛克宮廷建築，位在布達佩斯東北邊 Gödöllő 小鎮上。買票就能進入夏宮內部參觀，夏宮後方有片大庭園，則開放免費遊園。

西西原是巴伐利亞一名公爵的女兒，後來嫁給了奧地利皇帝法蘭茲・約瑟夫（Franz Joseph），成了奧匈帝國的皇后（也就是伊莉莎白皇后），但人們還是習慣以「西西」暱稱她。西西公主對待匈牙利人非常親善，因而備受匈牙利人愛戴，她淒美的一生與現代英國的黛安娜王妃有頗多相似之處，61 歲時遭到一個不名狂徒刺殺，同樣也死於非命。

★相關資訊：www.kiralyikastely.hu/main_page

史詩般的
瑪格麗特島

　　我個人覺得多瑙河穿越過的七座橋梁造型最美的，當然是有「多瑙河項鍊」之稱的鍊橋了。尤其是當夜晚時，從布達的 Gellért 山丘上往下俯視，整座鍊橋點亮了橋鍊的燈光，更像是掛在多瑙河上的一串串發亮的珍珠項鍊，美極了。排名第二的，可能要算是瑪格麗特橋了，除了因為她的姿態所散發的古典美人氣質之外，最引人入勝的是這座橋所述說的瑪格麗特公主故事。

/ Veszprém 也是有名的「皇后之城」，包括 Gizella 皇后的多位皇后都在此加冕。我曾多次造訪過這個古城，有次便與內人在「István 國王及 Gizella 皇后」雕像處留影 **2** 瑪格麗特公主年幼時被送去 Veszprém 城修道院，修道院遺址就位處現今 Veszprém 城區的中心位置 **3** Veszprém 修道院遺址一堵牆上石碑寫著瑪格麗特小公主曾在此修道 **4** 現今布達佩斯多瑙河上的瑪格麗特島上，仍然保存著瑪格麗特公主後來發願當修女及死後葬身處的修道院遺址，遺址的立牌說明此處是「聖瑪格麗特」的修道院及教堂遺跡，以及她的生辰忌日（1242～1271）

1

　　瑪格麗特公主原是貝拉（Béla）四世國王最小的女兒。13 世紀橫掃歐洲的蒙古大軍 1241 年入侵到匈牙利都城，貝拉國王當時為此劫難困擾不已，於是對天發誓如果能早日擊退蒙古人，他願意將他的么女奉獻給教會來還願。後來蒙古大軍為了某種原因撤走了，都城也恢復了往日的安寧。國王為了信守對天主的誓言，於是將和蒙古軍撤退同年出生，時年僅 4 歲的瑪格麗特公主送入 Veszprém 城的修道院。

　　由於 Veszprém 離都城約有一百公里之遙，為了消解對么女的思念之情，國王開始在多瑙河的「兔子島」上，為瑪格麗特公主建造一座修道院。五年後當這修道院建成便迎接她入住，瑪格麗特公主終身未曾離開此修道院，她 18 歲時在此發願成為修女，死後也安葬於此。在她生前，匈牙利人就已習慣以「聖瑪格麗特」尊稱她，雖然直到

瑪格麗特島是一座大公園，大樹成林、綠草如茵、五顏六色的花圃，讓人徜徉其間感覺心曠神怡

20 世紀中期羅馬教廷才追封她為聖女。這段瑪格麗特公主出家修道成聖的史詩，自 13 世紀以來傳誦至今成為家喻戶曉的佳話，所以後來便將「兔子島」改名「瑪格麗特島」。

　　歷史的瑪格麗特島往者已矣，只留下斷垣殘壁的修道院遺址以及聖瑪格麗特的陵墓足供憑弔。如今，這座長約 2.5 公里，寬約 0.5 公里的瑪格麗特島，已成為布達佩斯市民休閒的好去處。事實上，整座瑪格麗特島就是一座大公園，除了大樹成林外，也有噴泉公園、玫瑰花園、日式庭園、小動物園，更有游泳池、溫泉飯店、庭園咖啡廳。我們一家人假日十分喜歡的消遣活動之一，便是黃昏時刻漫步在這座大公園裡，享受透過林木灑在身上的溫暖陽光、或偶爾撿拾樹下滿地掉落的栗子、或看看草地上人狗追逐的場景、或什麼事都不想就只是走走散散步。記得有一回才從瑪格麗特橋走進島上，就聽見遠遠傳來的音樂聲響，循著音樂走近，才發現原來是噴泉公園的噴泉正表演著音樂水舞，許多人圍著噴泉池或站或坐，好不悠閒。

Veszprém 城區景觀

Veszprém 是匈牙利具歷史性的古城，13 世紀時，年幼的瑪格麗特公主獻身教會，最先便是在 Veszprém 的修道院出家修行，等到她的父王在「兔子島」（後來才改稱為「瑪格麗特島」）為她蓋的修道院完成後，她才回到布達佩斯繼續修道並發願當修女。

位在市區裡的老城堡大約建於 11 ～ 13 世紀之際，從城堡內的一處平臺，往下可以眺賞 Veszprém 城區景觀。瑪格麗特公主年幼時進入修行的修道院遺址就在城區中央處，左方遠處所見的橋梁是「István 大橋」。

★相關資訊：www.veszprem.hu/veszpremieknek/foreigner

再見了！
蘇聯老大哥

洞開鐵幕
第一門

　　第二次世界大戰結束後，以美國為首的西方世界（即北大西洋公約組織成員國）和以蘇聯為首的東歐集團（即華沙公約組織成員國），雖然政治歧見及戰略利益之衝突嚴重，但雙方陣營都相互克制避免訴諸武力，僅以軍備競賽或外交競爭方式進行對抗，以避免全面性的世界大戰再起。此段自 1945 ～ 1990 年期間，「資本主義」及「社會主義」兩大思想價值衝突，但又保持自制免於武力衝突的年代，世人稱之為「冷戰」。

　　「冷戰」時期歐洲分裂成東、西兩大政治板塊，蘇聯掌控的共產主義集團，占據了歐洲的東半部（包括波蘭、捷克、斯洛伐克、匈牙利、羅馬尼亞、保加利亞等東歐國家）；而由美國主導的資本主義國家，則占據了歐洲的西半部。柏林也被分隔成東、西兩半，分屬蘇聯及美、英、法兩大陣營管轄，更在 1961 年 8 月 13 日築起 155 公里長的「柏林圍牆」。

　　匈牙利就在這「冷戰」大情勢下，也被圈入「鐵幕」而變成共產國家。直到 80 年代，由於共產集團老大哥蘇聯陷入經濟危機，而戈巴契夫的民主改革也正開始，因此自 1988 年起，蘇聯對這些東歐國家改採較為開明的政策，逐漸減弱在政治上及武力上的干預。

　　在這樣緩和的政治氣氛下，匈牙利及奧地利兩國於 1989 年 8 月 19 日，有默契地將兩國位在 Sopron 邊界的鐵幕圍籬試探性打開 3 小時（事實上，匈、奧兩國外交部長早在 6 月 27 日，即先行象徵性地共同剪斷這圍籬的一小段鐵絲網），讓早就知道消息的六百多個東德人，藉著參加「泛歐野餐」（Pan-European Picnic）活動之名，提

前趕到匈牙利邊境城市 Sopron，得以趁機穿越鐵幕取道奧地利前往西德投奔自由。

而這短暫開放 3 小時的圍籬，正是鐵幕被開啟的第一扇門。時不過 3 個月，屹立了 28 年的柏林圍牆，也在 11 月 9 日被推倒了。接著，匈牙利跟其他東歐國家（波蘭、捷克等）也陸續脫離蘇聯集團，擺脫了 50 年的共產桎梏。匈牙利在跟蘇聯老大哥説「再見」後，於 1990 年舉行全國大選自立門戶，成立了獨立自主的民主政體國家。

Sopron 市因為靠邊界鐵幕的第一扇門被打開，而成了鐵幕洞開的歷史見證。照片中的瞭望塔是 Sopron 最高的建築物，也是老城區的地標

如今時過境遷，現今在布達佩斯幾乎已經很難嗅出共產社會的氣息了。因為當共產時代結束後，所有象徵或歌頌共產主義的雕像，都被移往布達佩斯南郊一處空地集中置放並闢為「雕像公園」（Szoborpark Múzeum, Memento Park），1993 年起對外開放展示。唯一仍被保留在布達佩斯的共產時代雕像，便是立在 Gellért 山上當時稱為「解放女神」的雕像，但名稱則改稱為「自由女神」，以彰顯解放時代的結束及自由時代的來臨。

另外一處保留共產時代氣息的處所，便是 2002 年開放的「Terror Haza」（恐怖屋）。它位在布達佩斯 Andrássy út 大道上，裡面展示當年凌虐政治犯或異議分子的紀錄、刑具、囚室等相關史料。不過，跟「雕像公園」一樣，「恐怖屋」的保留並不是為了歌頌共產主義，而是為了警惕世人集權統治的可怕。

1. 雕像公園裡這尊動感十足的雕像，最具共產時代感 *2.* 被移置到雕像公園之前，這尊解放軍人雕像原立在解放女神雕像下方 *3.* 列寧雕像就豎在雕像公園的入門處 *4.* 一雙解放軍軍靴的雕像具有威權的象徵意義 *5.* 位在 Andrássy út 大道上的恐怖屋，屋簷伸出鏤刻著「TERROR」大字的招牌

3

4

5

唯一被保留在布達佩斯的解放女神雕像，開放後改稱為「自由女神」

瞭望塔／Sopron

Sopron 是匈牙利的古城，中古世紀的古蹟保存相當多，列管的古蹟建築多達一、兩百處，因而曾獲得「歐洲古蹟保護獎」的殊榮。Sopron 也是音樂家李斯特出生的故鄉，因而也有「李斯特之城」稱號。

這座瞭望塔也是個古蹟，它的基石來自羅馬時代，建築風格是下半部文藝復興式圓形迴廊及上半部巴洛克式銅頂的結合，塔高 61 公尺。它最早的功能是火警消防的瞭望，兼具城堡進出管制的探守，現今則可以登高一覽 Sopron 古城美景。

★相關資訊：portal.sopron.hu/Sopron/portal/english

物資匱乏的
開放初期

　　算算自冷戰結束蘇聯瓦解，匈牙利隨東歐各國開放至今，也已超過二十個年頭了。回想 2000 年，當我因工作關係首度旅居於這個國家，雖然未及親眼目睹匈牙利開放之後前十年的景況，但從幾位開放初期即到此打天下的臺商鄉親口中，亦能稍知一二。

　　相對而言，在共產時期匈牙利跟其他東歐共產國家比較，還稍算是較為自由的。但自 1990 年後剛從共產制度脫離的初期社會，基本生活物資條件仍屬相當匱乏。因此，在整個社會對物資需求若渴，而勞工薪資仍屬低廉的那個年代，幾位趕上這「開放頭班車」來此打天下的臺商多數都賺到了錢。

　　據一位資深臺商的說法，1990 ～ 2000 年間，當時是進什麼貨就賣什麼貨，什麼東西都好賣，而且進的貨很快就都賣光了。不過，像這樣「東西好賣、錢財好賺」的年代，大概也只是開放前十年的光景。自 2000 年以後，各國的投資及物資進來多了、市場也開始步入競爭的時代，東西開始不那麼好賣了、利潤也不再那麼好了；甚至，就連工資的水準，也上漲得相當快速。

　　據了解，開放初期一般勞工的月薪大約在 150 ～ 200 美元之間。時至今日，不過二十年光景，一般勞工的月薪已經漲到 500 ～ 800 美元左右；當然，高級幹部或專業技術人才的薪資，甚至已高於臺灣的水準了。不過，在其他較小的城市或鄉間，薪資水準則仍屬相對較低。

　　至於開放初期的物資條件，據早年在此落腳打拚的臺灣鄉親以及我一些匈牙利朋友的形容，共產時代「排隊領配給」的習慣依然沒變。因此，在「中央市場」常見到

1. 中央市場於 1897 年
啟用至今已超過百年歷
史，建築外觀大氣美觀
看似博物館 2. 今日的
中央市場，已經不見共
產時代持票領配給長長
排隊的人龍了

　　的景象，便是長長的買菜人龍。當然，除了是「排隊領配給」的習慣使然外，生活物
資的匱乏可能才是主要原因吧。像是買個豬肉，剛好到你前面一個人就賣光了，排了
半天沒得買就是沒得買，也只好自認倒楣，摸摸鼻子「明天請早」再來排囉。

　　關於這樣物資匱乏的情形，當我 2000 年初在布達佩斯住下時，多少還是體驗得到，
其中印象最深的是上廁所用的衛生紙。很奇怪吧！記得，當時市面上賣的衛生紙就只
有兩種，一種是完全沒花樣素面灰白色的捲筒衛生紙，就是那種低劣的回收再造紙質
的。如要白淨一點又有花樣的，便只有一種「藍色小花點」的捲筒衛生紙，但質地仍
然相當粗糙。無論如何，反正就是沒有臺灣又是「舒潔」，又是「舒柔」的選項。所以，
就更不要奢求會有「盒裝」或「抽取式」的選擇了。

不過，據一位比我早幾年來到布達佩斯的同事說：「能買到，已經算不錯的了。」他說，早幾年他們必須開車到鄰國奧地利首都維也納，為的只是去購買各種生活用品，就連衛生紙也是一樣，因為在布達佩斯常常會遇上買不到（或應該說是「排不到」）衛生紙的窘境。另一位臺商朋友也這麼形容當時物資的困窘，這位臺商是開放之初便已到布達佩斯做生意，據她說她時常必須到「中央市場」排隊買肉，但也不見得每次都能買得到。對生活在資本社會的我們而言，這種事情似乎是天方夜譚，但在脫離共產制度的初期，一些東歐國家所面對物資匱乏的情形確實如此。當然，這種物資匱乏的情形，對於曾經也是前蘇聯集團一員的匈牙利自然也不例外。

1. 中央市場是布達佩斯市民日常採買魚肉蔬果的地方 2. 中央市場也販賣許多匈牙利特產和手工藝品，更是具有特色的觀光景點

克難生活的
初體驗

　　由於工作的關係，我於 2000 年奉派踏進這個開放未久的國度工作。現在回想起來，我當年到達布達佩斯時，像這樣排隊買東西的景象是已經沒有了，可見物資供給比起十年前是充實了些。雖說物資供給情況稍有改善，已經不用再排隊搶購生活物資了，但我 2000 年當時碰到的經驗也還不算是太好。

　　就像是到商店買東西時，店家的貨品常常就只有貨架上的「那一個」。你如果想買，店家會告訴你：「先付錢，等訂貨來了，再來取貨。」記得當時我為了購買沙發一事就有夠折騰的。我們先是在國家歌劇院對面一家高級家飾店看中了一組沙發，按照在臺灣購買家具的習慣，直覺地想，就付錢請店家馬上送貨便是了。沒料到，店家竟然說那些擺在店內的沙發，都是從外國進口純供展示的樣品，所以沒辦法就這樣賣給顧客。而我們看中的那組沙發，如果想買的話必須先付清貨款，他們才會向義大利下單訂製，貨到交送時間最快是 3 個月。媽媽呀！3 個月，足足最少要等 3 個月！我和內人當下便投降決定放棄了。

　　後來在住家附近另一家家飾店，看中了一組異國風圖案的沙發。記得這位老闆自稱曾經待過南非，所以沙發的布料是從南非進口（看他店裡的家飾品確實也都頗具非洲風情），但是他說沙發的製作是在匈牙利本地，所以大約 1 個月左右可以交貨。心

想，比起 3 個月的交貨期，這「1 個月」的交貨期雖然還是不能滿意，但已經算是難能可貴了。所以我們也就勉強接受，先付了貨款回家耐心地等待 1 個月後沙發的到來。沒想到老闆一開始說的「1 個月」，事後卻推說許多理由而遲遲無法交貨，最後還是讓我們足足等了「3 個月」才取到貨，難熬喲。

又有一年夏天，天氣突然熱了起來。有一次我和內人去一位同事家作客，我們見他家新買了電扇吹得涼快（當時還少見房子有安裝冷氣的），聽他太太說電扇剛在住家附近的 Rózsadomb Shopping Center 買的。才離開同事家，我與內人便前往該購物中心購買電扇，不料竟然已經沒貨了！我猜想同事他家剛買的電扇，或許便是貨架上唯一的「那一個」吧。老實說，Rózsadomb Shopping Center 在當時已算是高級住宅區的店家了，這樣的購物中心都少有庫存品可賣，那就更不用說是一般街坊的商店了。經歷了這樣種種物資匱乏的初體驗，我終於知道什麼叫「克難生活」了。

這是布達佩斯的國家歌劇院，外面的人群正等著入內觀賞歌劇演出

Vajdahunyad Vára 城堡／市立公園

市立公園是布達佩斯市民假日最喜愛的休閒去處之一，公園內及周遭有許多遊憩觀光景點，像是英雄廣場、美術館、藝術館、溫泉宮、動物園、馬戲場、遊樂場等。

當然，這座 Vajdahunyad Vára 城堡更是市立公園內最古典美麗的建築，她雖屬中世紀城堡造型，但事實上是1896 年為「匈牙利千禧年」博覽會建造的。目前她是農業博物館，內部展覽匈牙利傳統農作技術及資料。

★相關資訊：www.vajdahunyadcastle.com

共產「餘毒」
擾人不淺

　　雖然那種持票領配給、排隊買東西的「共產」日子，我是沒來得及親身體驗。但是，回憶我自 2000 年起旅居布達佩斯的生活經驗，最初的幾年其實仍然嘗到了不少共產「餘毒」的苦頭。所謂共產時代的「餘毒」，讓人感受最深的便是服務的態度及工作的熱忱，你會發現很多商店的店員都是板著臉孔沒有笑容的，或許這是共產社會殘留下來的習性。

　　我最不舒服的一次經驗是 2000 年剛到布達佩斯沒多久，有次和內人在城裡一家廚具店看餐具，一個板著晚娘臉孔的店員便一直尾隨跟在我們身後，我們看到哪兒她便跟到哪兒，也不開口詢問顧客興趣，也不主動介紹商品。加上她那令人不敢恭維的老娘臉色，讓人直覺那雙不友善的眼神正從背後監視著你，不曉得是怕你偷東西還是不歡迎你買東西。我猜想感覺得出來她的心態，大概是心想：「反正賺錢的是老闆，不管賣不賣東西自己都領一樣的薪水，多一事不如少一事。能趕快打發顧客走人，自己就少做點事多得點閒。」

　　另一件一直令我不愉快的經驗，則是發生在位於 Vörösmarty tér 廣場邊的「MKB 銀行」，這是我存錢往來的銀行。這銀行有個年約 50 歲的窗口女行員，一副千篇一律的冷漠「老 K 臉」，讓我覺得每次去領錢就好像跟她借錢似的。倒是這家銀行的男

Vörösmarty tér 廣場上的這家 Gerbeaud 咖啡廳已超過百年歷史，店裡有一種 Zserbó 蛋糕很受歡迎

經理 Tibor 對我一開始便很友善，每次總喜歡跟我聊東聊西的，還會主動跟我推薦購買匈牙利公債或外幣定存，或許他天性生來樂觀或許他有業務績效的壓力吧。

令我至今印象深刻的，還有 Rózsadomb Shopping Center 裡面一家水果店的小姐。都足足跟她買了四年的水果了，說不認識我們的名字，也就罷了；但我們這對夫妻的東方臉孔，都看了四年了，總該有點面熟吧。但是跟她買水果的四年期間，就從未從

她的嘴裡聽過一聲親切的招呼，也從未從她的嘴角發現過一絲笑意。說真的，這樣的冷漠如此的老成，實在辜負了她那張青春的臉孔。

　　我跟內人當年在布達佩斯城裡購物，還遇到過多次不快或該說是奇怪的經驗。好幾次當我們的腳才剛踏進店裡，就被店員揮揮手不太友善地給趕了出來。原因並不是我們態度不恭，也不是我們衣冠不整，理由竟然只是因為「快接近打烊的時間」了。其實，所謂的「快接近打烊的時間」，並不是指打烊前 5 分鐘，而是指打烊前半小時。我猜想，店員們大概是不喜歡「打烊前半小時」上門的顧客，影響了自己「準時下班」的權益。

　　記得我有一次開車經過一家洗車店，只見得店內「空空如也」沒有車子的蹤影，三、兩個洗車員工聚在一起抽菸閒聊。雖然我也知道，在這裡洗車不像在臺灣隨來隨洗，而是需要事先預約時間的（事實上，不光是洗車，當地做許多事都是需要先預約時間，尤其是服務業，像是：剪髮、洗頭、看醫生等）。但是，當下我依照臺灣人的思維，想說洗車的人應該是閒著也是閒著，有車子來能洗就洗、能賺就賺；所以，我就將車子開了進去。沒想到，一位嘴上還叼著香菸的員工，也懶得站起身來就坐在椅子上向我揮揮手，示意要我離開。我看看手上的手錶，心想現在也還不到 4 點，離牌子上寫的「4:30 收工」的時間，不是還至少有半小時的時間嗎？況且，現在不都是手頭閒著嗎？可是，洗車的人不想洗就是不想洗、想等著下班就是要等著下班，我真的沒轍。

　　這種共產時代吃大鍋飯的惡習，在當時的房仲業也是一樣。我還記得初到匈牙利找房子時所碰到房仲業者的服務態度，他們幾乎都會在初次見面時就事先聲明：「每天帶看只限下午 4 點 30 分為止，晚間時段恕不帶看，週六、週日也一概不帶看。」

　　可見，當年像匈牙利這樣的東歐國家在被圈進蘇聯集團後，被共產制度荼毒得相當之深。即使在鐵幕開放已超過十個年頭的年代，這些國家的人民所中的「共產餘毒」似乎仍深，一時之間好像仍難擺脫「吃大鍋飯」的心態與習性，但這多少是因為當時的時空環境使然的吧。

Ják 小教堂／市立公園

座落在布達佩斯市立公園 Vajdahunyad 城堡裡的 Ják 小教堂，之所以稱為「Ják」，因為它是複製自西部邊境 Ják 小村莊一座古老的教堂。Ják 小村莊原來的教堂建於 1214 年，是聖本篤修道會的教堂，屬羅馬式的建築風格。

現在在市立公園的這座 Ják 小教堂，跟 Vajdahunyad 城堡一樣，也是為 1896 年「匈牙利千禧年」的博覽會而建造的，當初是為了在博覽會中展示匈牙利代表性的建築，因此係依照原建築縮小比率建造，博覽會結束後也就留下來了。

★相關資訊：www.vajdahunyadcastle.com

闊別四年
驚喜「大變身」

　　從 2000 年初到 2004 年初這四年算是我的「前半段匈牙利經驗」，雖然就物質條件而言，當時的匈牙利尚無法與西歐國家相提並論，但因為基礎建設和生活環境已具歐洲國家的水平，所以就精神生活而言至少還算是令人愉悅的。當然，每每遇上像前述這些共產時代的陋習，還是不免會讓人覺得不快或沮喪。

　　所幸匈牙利在脫離蘇聯之後逐漸走向西方世界，經過這些年來的正向發展，政治上不但已成為歐盟及申根國家的一員，經濟上更步上了資本主義的運作軌道。所以，自 2008 年初起至 2011 年底將近四年期間，我的「後半段匈牙利經驗」從此便漸入佳境了。

　　雖然我的「前半段匈牙利經驗」有苦有樂，但不管是苦是樂日子總是會過去。結束了那四年在匈牙利的新聞外交工作，我於 2004 年初揮別布達佩斯返回臺灣。回到行政院新聞局的工作崗位時間一晃就是四年，一日突然接到局裡主管國際業務副局長的電話，他問我美國休斯頓有個外派機會要我考慮看看。當天回到家想了想，早在 1988 年時我也曾派赴美國進修過一年，感覺美國雖然文明先進物質生活舒適，但比起歐洲國家總還是少了點文化氣質。再回想之前匈牙利四年的工作及生活經驗，也算熟

1. 大膽的街頭裝置藝術出現在布達佩斯的街頭，如今已不足為奇了 *2.* 布達佩斯街頭咖啡座的人們，正享受著陽光的溫暖及悠閒的幸福

悉而且已漸入佳境了；所以，隔天便回覆了副局長，向他表明我還是比較想再度派駐到匈牙利。

　　因為這樣，2008 年初我終於得償再度回到闊別了四年的布達佩斯。再度踏上匈牙利這個國度，感覺就像與多年不見的老朋友重逢一般。四年不見的布達佩斯氣質美感依舊，但沒料到才經過短短四年自由經濟市場的洗禮，布達佩斯物質生活條件的進步讓人耳目一新，整體的社會氛圍也讓人直覺親和多了。

　　以往買東西要先訂貨再回來取貨的情形已成歷史，大賣場裡貨色的選擇種類也多了。就像在臺灣一樣，光是衛生紙就已有許多品牌、花樣可以選擇，盒裝的面紙也開

始見得到了，雖然價錢不算太便宜。這時我跟內人每到大賣場購物，她則常說：「終於開始有幸福的感覺了。」

我內人還觀察到大賣場一個新的現象，她說：「現在匈牙利的賣場，也開始知道辦『試吃』來促銷了。」除此之外，化妝品店及藥妝店也開始出現「開放式」的專櫃，專櫃小姐也開始知道主動攔客推銷了。對我們早就習慣於資本主義商業模式的人而言，這也許不算什麼新鮮事。但像這樣「開放」、「信任」的商業模式或交易行為，是 2004 年之前我們在布達佩斯從未見過的。

甚至，在我上班的辦公大樓入口處，偶爾也會有廠商來分發試吃、試用的免費促銷贈品。我自己曾經拿過的促銷贈品就包括：果汁、優酪乳、餅乾、巧克力、即溶咖啡，甚至連李斯德林漱口水也拿過。

當然，過去那種似令人難以恭維「共產黨」式的服務態度，也改善了很多。現在多數商店的店員，招呼顧客的態度親切多了，我想這跟這些年來許多外國公司紛紛進入匈牙利市場有關。就像當時新開的 Arena Plaza 購物中心，便是一家外資公司。我們經常光顧的這棟購物中心裡頭有一家 Pizza Hut（必勝客），店內有位皮膚黝黑的女服務生，因為人長得漂亮、笑容又甜美，每回都是笑容可掬地招呼我們，我跟內人私底下都暱稱她是「甜黑妞」。再者，說也奇怪，自從我存錢的那家「MKB 銀行」被某家外商收購後，我發現之前那位「老K臉」女行員，臉上也有了「資本主義」式的笑容了，雖然有點不太自然。這樣前後判若兩人的對比，真讓人不得不說「共產主義」毒人真的不淺呀。

至少，當 2009 年 9 月我與內人到莫斯科旅遊時，就明顯地發現布達佩斯的笑容，確實要比莫斯科多得多了。但是當我們後來幾次到倫敦探視在那裡就學的兒子時，則發現倫敦的笑容比起布達佩斯，那就多得更多、更親切。或許，匈牙利在這方面，仍然還有進步空間。

但無論如何，在我看來匈牙利自從 1990 年開放以後，真的是有了令人驚喜的「大變身」。她變得離共產主義社會越來越遠，靠資本主義社會則越來越近了。或許，匈牙利人已經以改變自己生活方式的心情，向過去的「蘇聯老大哥」真正說再見了。

／Arena Plaza 購物中心於 2007 年開幕，是當時東歐國家大型的現代化購物中心之一 ＿自開放以後，現代化的購物中心在布達佩斯如雨後春筍般開設，提供了跟西歐國家一樣品質的貨色，因此吸引不少民眾前來購物

我家門鈴
度假去了

「度假皇帝大」
其餘免談

　　歐洲人普遍都有度假的習慣，匈牙利人自也不例外。對於歐洲人來講，每年 7、8、9 月期間，如果沒有「消失一陣子」，似乎是件很見笑的事。依據我旅居在匈牙利這些年來的觀察，確實也如此，幾乎可以用「有錢沒錢，度個長假好悠閒」來形容。有錢的就出國度長假；沒錢的就在國內度短假；再沒錢的就在自己家裡度「假」假。總之，這個度假季節，不連休個幾個禮拜，就表示你沒有度假的錢或閒。

　　記得第一次見識到匈牙利人度假的「功力」，是在 2000 年剛住進租來的房子時。那是一間位在布達佩斯二區的合併式別墅，其實是個小社區，幾戶人家共有一片廣大的草皮。這租來的房子位在「青石街」（Zöldkő utca）上，房東是個名叫 Adel 的貴婦，是俄裔的匈牙利人，不太能講英語；因此，幾乎都由她兒子 Tibor 出面與我們溝通一切。

　　我們一家初搬進這租屋後，我便與房東先一一點交家具、水電等設備。照說初到異地人生地不熟的，應該不能期望三不五時會有訪客來按門鈴。但我是個細心的人，還是沒忘掉檢查一下門口的電鈴。說也奇怪，連按了幾下電鈴它就是不響；房東兒子 Tibor 試了也不行，他只好打電話找水電工來檢修。

　　過沒多久，只見那來的水電工兩手空空如也，什麼工具也沒帶就來了，這在臺灣似乎不太可能發生。他打開電鈴的蓋子，用他似乎專業似的眼神端詳了一下，便又把蓋子給蓋了回去。然後他說：「我知道問題了，但今天是星期五現在又已經是下午了，我下禮拜找一天回來修理吧。」

當年旅居在布達佩斯時，位在第二區青石街的住家

　　這「下禮拜」一等就是一個禮拜的漫長，這水電工自從一個禮拜前來看過電鈴後，終於現身在我家大門外了，好令人喜出望外喲。只是沒料到，這位仁兄並沒有要進來的意思，他只從大門外的對講機跟我們說：「這禮拜我打算度假去，等我度假回來再過來修吧。」我跟我內人都很納悶，你人都走到門口了，竟然不是為了來修理門鈴，而是為了來告訴我們你要度假去了？

　　真是無可奈何，出門在外舉目無親不得不靠人。一個禮拜就一個禮拜，那就等你大爺度假吧。套句臺灣俗話「吃飯皇帝大」，面對當下這「度假皇帝大」的狀況，也只能認了。

　　一個禮拜又過去了，這水電工終於再度出現在門口，不同於上回的是，這回他總算是帶著工具來了。這讓我心頭的擔心，終於可以放下了，但也擔心他又說要度假去了。只見他翻開門鈴的蓋子，在裡頭似乎只動了個小手術，便把蓋子給蓋了回去，門鈴奇蹟似地終於響了！算了算這「手術」全部過程也才不到 3 分鐘光景，但這苦等了兩個禮拜的時間，似乎我家的門鈴也「度假」去了。

青石街／布達佩斯

ooooooooooooo

　　第一回外派時，落腳住在首都布達佩斯布達山區的「青石街」，山居生活在冬雪的映照下顯得更加寧靜。順便一提的是，布達山區是所謂的高級住宅區，因為居高臨下可以俯視整個布達佩斯美景。所以，經濟情況好的人都喜歡住布達山區，有美麗的景觀、寧靜清潔的環境。

　　布達佩斯是匈牙利首都，也是政治、商業、交通中心和觀光旅遊城市，同時也是歐盟第七大城市，目前人口約為 170 萬人。

★相關資訊：budapestinfo.hu/en

周知眾親友
「我度假了」

　　我有個匈牙利醫生朋友 Szabó János，因為他對春季的花粉過敏，所以全家每年春天總要出國度假個兩、三個月，西屬加那利群島（Canary Islands）是他最常前往度假的地方，因此，他應該算是個有錢度長假的匈牙利人。有幾次他全家出發前，便邀約我們家一起前往，但一休就是兩、三個月的長假，對我們東方人而言，那根本是不可能的事。雖然委婉地謝絕了他善意的邀約，沒能跟他一家一同前往度假，但是每當他全家度假回來，他總不忘遣人送來度假地的紀念品給我。

　　另一位醫生朋友 Timár Tibor 則是在診所玄關牆壁上，貼滿了他到世界各地度假旅遊所拍的照片。這些「到此一遊」的照片，幾乎涵蓋地球五大洲，我認出來其中一張是中國的長城。大概經過大半年沒跟他碰過面，有一次，他很得意地向我展示牆上一張在臺灣拍的新照片，還向我誇說他跟太太兩人自由行，從臺北搭高鐵到臺南一遊。

　　另外，我有位交情很深的匈牙利老友 Kubassek János，他是匈牙利地理博物館的館長，也算是位旅行家或探險家，他遊歷過的國家超過百個。他每到一地度假就一定會寄張當地的風景明信片給我，讓我知道他人在哪裡旅行。算算這幾年下來，他寄給我世界各地的風景明信片，已不下一、二十張了，我猜想，大概明信片也能證明「到此一遊」吧。

　　再說我辦公室對面那家理髮店，是我定期光顧整理頭髮的地方，Gabi 是這些年來我固定找的理髮小姐，因為她是店裡唯一較年輕的。Gabi 小姐只會講很簡單的幾句英語，而我也只會講很簡單的幾句匈牙利話，雖然如此，但我們的溝通似乎也沒有

問題。剪頭髮時她總會問：「Here ？」「Short ？」「OK ？」，洗頭髮時則會問：「Hot ？」，就大概這麼幾句。而我回答的就更少字了，我大概只能用最簡單的匈牙利話回答「Jó」、「Igen」，或者「hideg」、「meleg」（「好、是的」以及「冷、熱」的意思）。但我記憶最深刻的是她的理髮鏡，我大概是沒法跟她聊天，只好眼睛盯著前面看吧。我記得她的理髮大鏡子四周，一直都貼滿著世界各地的風景明信片。只是這麼多年下來，似乎就固定只是那些，再沒發現有增加新的。

還記得當時我們家隔壁住著一位知名的電視臺主播 Sugár 先生，他本人已退休多時，但太太則仍在電視臺服務。因為我們住的是兩戶連棟的雙併別墅，所以我們兩家便常常在後陽臺不期而遇。有一年的夏天，剛好又跟 Sugár 夫妻在後陽臺碰面，Sugár 太太向我內人展示她那古銅色的皮膚，並很驕傲地說這是到克羅埃西亞海邊度假的成果。老實說，我跟內人那次真的有點嚇到了，因為實在晒得太黑了，跟之前她的膚色完全不同，這讓我們第一眼幾乎有點認不出是她來了。

從我辦公室的窗戶往下看，布達佩斯冬天的街景

國內度假首選
「巴拉頓湖」

　　我那位地理博物館館長老友 Kubassek János 曾經告訴過我，匈牙利人大約 10%～15% 有足夠的經濟能力出國度長假；至於較無經濟能力的人則大約占 30%～40% 左右，這部分的人就只能在國內度短假了。不過這是他的說法，我也沒再求證就是了。但我心裡猜想著，這麼說剩下一半的人口都是在家裡度「假」假囉。

　　說到國內度假，匈牙利人國內度假的首選當然就是「巴拉頓湖」（Lake Balaton）了，「Balaton」這個名稱據說是一個巨人的名字。根據民間故事的傳說，古早古早以前，現今的「巴拉頓湖」地區曾經住著一群大巨人，當中有一個巨人的名字就叫 Balaton。他有個女兒叫 Haláp，因為同伴離她而去以致 Haláp 悲傷而死。當 Balaton 在埋葬女兒時，抱舉一塊大石塊想作為墓碑，但因為這石塊實在太大又過重了，以致於巨人 Balaton 不勝負荷而倒下被壓在大石塊下面。然後突然間就從這塊大石塊下面不斷地冒出水來，最後就形成了這個被稱為「Balaton」的湖泊了。

　　巴拉頓湖湖邊有多處頗受歡迎的度假勝地，像是 Balatonfüred、Tihany、Keszthely、Hévíz、Siófok 等小鎮。不光是匈牙利本地人喜愛，連鄰近的德國人、奧地利人也都喜歡到這湖畔來度假。一方面是湖光水色實在迷人，一方面是比起自己本國的消費實在便宜多了。

1

/. 巴拉頓湖
是匈牙利人國
內度假的首選
2. Balatonfüred
小鎮成群的白
天鵝在湖中優
游自在地游來
游去 3. Siófok
是巴拉頓湖南
岸頗受喜愛的
度假小鎮 4.
Tihany 小鎮上
的「辣椒屋」
屋外掛滿的一
串串紅辣椒

2

　　Balatonfüred 和 Tihany 這兩個小鎮，算是我們一家最喜歡也最常造訪的湖畔避暑地點了。記得第一次造訪 Balatonfüred 這個小鎮時，成群的白天鵝就在巴拉頓湖中優游自在地游來游去，就是這樣如夢似幻的「天鵝湖」美景，讓我們一家即使不算是度假，每年也要到此一遊。

　　至於 Tihany 這個小鎮，也是我們一家每次遊訪巴拉頓湖時必到的地方。Tihany 其實是凸出巴拉頓湖的一個小半島，也是搭乘渡船可以直接截腰橫渡巴拉頓湖的渡頭，因為位處地勢較高的北岸，所以也是眺賞湖景最佳的地點。每次到了 Tihany 小鎮，我總喜歡先在 Tihany 小教堂石階下的一家冰店享受它的冰淇淋，然後再拾級而上去欣賞巴拉頓湖的湖光水色。特別一提的是，當你造訪 Tihany 小鎮時，你的眼光絕對不會錯失一間「辣椒屋」（Paprikaház，Paprika 是匈牙利的紅辣椒，ház 是 house 之意）。這間「辣椒屋」是專賣匈牙利紅辣椒及其製品的一家小店，屋外掛滿的一串串紅辣椒成了這家店的活招牌。其實匈牙利有各式各樣的辣椒，這種稱作 Paprika 的紅辣椒當它被做成粉狀的紅椒粉後，便是烹煮著名的「匈牙利牛肉湯」（Gulyás）最主要的佐料。如果品嘗過道地「匈牙利牛肉湯」的話，就知道這種「匈牙利紅椒粉」完全不辣，其實它的味道是香甜香甜的，所以我喜歡稱它是「匈牙利甜椒粉」。

3

4

另外一處值得推薦的度假休閒地點就是 Hévíz 小鎮，「Hévíz」這個字匈牙利文便是「溫泉」之意。Hévíz 是靠近巴拉頓湖西端的一個溫泉度假勝地，鎮上到處都是溫泉飯店或溫泉民宿。其中最具特色的是一處戶外的天然蓮花溫泉湖，這個溫泉湖是歐洲最大的天然溫泉湖，水溫常年維持在 38.5℃，最深處水深達 50 公尺，因此在此泡湯都強制必須套上救生圈以策安全。同時為了泡湯客的安全著想，湖中設有長條的欄杆，方便不諳水性的泡湯客可以攀附。因為這溫泉是天然的湖水，蓮花也生長在湖中，由於藻菌滋生所以湖水有點混濁，或許有些人會覺得不習慣。不過，能在蓮花浮葉之間泡湯，腳間不時還有小魚穿梭，這應該會是個難得的體驗。

Hévíz 的戶外天然蓮花溫泉湖

巴拉頓湖湖岸風光

○○○○○○○○○○○○○○

　　巴拉頓湖是個東西向長條的湖泊，湖面達 600 平方公里之廣，是中歐最大內陸湖，由於匈牙利是個不濱海的國家，所以巴拉頓湖自然就成了匈牙利人口中的「匈牙利海」，泛舟活動幾乎就都在這湖泊展開。每到盛夏時節吸引許多匈牙利人到此度假避暑或戲水，這裡可以說是匈牙利國內度假勝地的首選。即使只是在湖畔的樹蔭下納個涼、吹個風，但光是映上眼簾的秀麗湖光水色，就足以讓人打發一整個午後的時光。

★相關資訊：national-park.hungaryguide.info/balaton-uplands

遊艇碼頭／**Balatonfüred**

　　位在巴拉頓湖北岸的 Balatonfüred 是個熱門的度假小鎮，近幾年公共設施的整建，使得湖濱景觀煥然一新。這處遊艇碼頭是 Balatonfüred 鎮上遊艇俱樂部的一部分，在度假季節停泊許多遊艇及風帆，形成一幅美麗的湖畔景致。遊艇碼頭的旁邊有不少幽雅的餐廳或咖啡館，每當度假季節，即使入夜之後仍是高朋滿座。

★相關資訊：www.budapest.com/hungary/cities/balatonfured.en

民宿餐廳／ Siófok

Siófok 是位在巴拉頓湖南岸的熱門度假小鎮，每年 7～9 月度假季節期間，度假飯店或休閒民宿間間客滿，湖畔戲水、曬太陽的人群處處都是。即使是到了夜晚，餐廳、酒吧依然杯觥交錯，可說是巴拉頓湖夜生活最熱鬧的地方了。由於度假觀光產業鼎盛，使得這個才 2 萬餘人口的小鎮，成為匈牙利極為富裕的城鎮之一，因而素有「巴拉頓湖首都」之名號。

★相關資訊：www.siofokportal.com

小教堂／Tihany 半島

　　巴拉頓湖是匈牙利人引以自豪的內陸海，每至夏日時光湖面風帆點點相當優美，湖濱地區有好多處度假避暑勝地，北岸的 Tihany 小半島就是其中熱門的一處。

　　Tihany 半島上有個具歷史性的修道院遺址，修道院最早建於 1055 年。修道院遺址處除了這座重新修建後的小教堂外，現今只能見到殘存的修道院遺跡。順著石階拾級而上，就能走到眺賞絕美湖景的最佳地點。

★相關資訊：www.tihany.hu/index.php/en

國王皇后雕像／Tihany 半島

　　這尊豎立在巴拉頓湖 Tihany 半島上的雕像，是最受敬愛的 István 國王和 Gizella 皇后伉儷，雕像前常有民眾敬獻花圈。像這樣 István 國王和 Gizella 皇后並立的雕像，匈牙利許多地方都能見到。István 國王於 1000 年建立匈牙利國，是匈牙利的開國君主。雕像後方看到的便是號稱「匈牙利海」的巴拉頓湖，湖上風帆點點是 7 ～ 9 月度假季節巴拉頓湖的景致。

★相關資訊：www.tihany.hu/index.php/en

傳統村舍／Tihany 半島

⊙○○○○○○○○○○○○○○○○○

　　Tihany 是凸出於巴拉頓湖北岸的一個小半島，也是橫渡巴拉頓湖的一個渡口，由於它的地勢較高，是個頗受歡迎的觀湖景點。Tihany 小鎮在靠近巴拉頓湖湖邊處，有好幾家傳統村舍販賣當地的特產及手工藝品，這種傳統村舍保存相當完好的蘆葦草屋頂，別具傳統農村特色，到此一遊不妨順便入內參觀一下。

★相關資訊：www.tihany.hu/index.php/en

聖誕節不吃火雞
吃「魚湯」

　　其實，很多匈牙利人都在巴拉頓湖畔的附近擁有度假小屋，就連我們辦公室的司機先生 Sándor 也不例外。他甚至在 Tura 還有一間度假小屋，Tura 是布達佩斯東北邊約 30 公里的小村莊，Sándor 在這兒有個葡萄園。有次出差途中路經 Tura 村莊，他便帶我到這處小屋，還請我喝他自釀的酒。而我辦公室的匈牙利祕書 Magyar Anna 小姐，她家在 Fót 小鎮也有個度假小屋，我跟內人曾經受邀作客，與她家人在這度假小屋用餐，並度過一個悠閒的午後時光，我特別喜歡她母親做的一道非常可口的匈牙利蔬菜湯。後來她母親得知了我的喜愛，有時還會託她帶這道湯來辦公室給我品嘗，這人情與滋味令我至今都難忘懷。

Tura 雖然只是個小村莊，但村裡有座古意盎然的城堡

061

1

3

2

4

1~4 Fót 小鎮上的 Károlyi 教堂，其外型仿似巴黎聖母院大教堂，雖然規模大小無法匹比，但建築細部相當細膩，大有可觀。尤其是陳設在教堂內的聖女及天使雕像，不知出自哪位藝術大師之手，將那份聖潔之美表現到淋漓盡致 5~8 這個 Károlyi István 家族所擁有的英式公園，就位在「Károlyi 教堂」的對街，園內大樹林立、綠草如茵，還有個大池塘，是假日踏青的好去處。來到 Fót 小鎮造訪過「Károlyi 教堂」之後，絕對不要錯過了這處令人驚豔的「Károlyi 英式公園」

　　说起 Sándor 先生他在巴拉頓湖附近的度假小屋,其實它只是間非常簡陋的小小房舍,雖然屋內沒有太多家具或設備,不過這已經足以讓他覺得臉上有光了。記得有幾個夏天,他曾邀請辦公室的同事們到他的這處度假小屋。Sándor 一早就在前院架起匈牙利傳統的野炊大鍋(bogrács),當天他烹煮了一大鍋的「魚湯」外加切片的「枕頭麵包」(因為這種麵包不切片的話大得像枕頭,所以我們喜歡戲稱它叫「枕頭麵包」),這便是我們當天的「野餐」了。這野餐算是相當簡單,倒是那烹煮魚湯的「野炊大鍋」比較引起我的興趣。這種「野炊大鍋」是用三根鐵架架起來的大鍋盆,是匈牙利人在野外用來烹煮匈牙利牛肉湯或魚湯的烹具,這種野炊方式或許源自於他們祖先的游牧生活。

　　說到「魚湯」(匈文 halászlé),匈牙利有幾種「魚湯」是有名的,一是提薩河(Tisza,匈國第二大河)畔大城市 Szeged 的「Szeged 魚湯」;一是多瑙河畔小鎮 Baja 的「Baja 魚湯」;一是巴拉頓湖的「Balaton 魚湯」。這三種魚湯使用的魚並不完全相同,「Szeged

／ 我與巴拉頓湖湖畔一尊捕獲梭鱸魚的漁夫雕像合影，Sándor 做的「魚湯」魚隻大概就取之於這裡吧 ２. 專門烹煮傳統匈牙利牛肉湯或魚湯的野炊大鍋，一鍋可煮 10 ～ 20 人的份量

魚湯」用的多是鯰魚或鯉魚（catfish & carp），「Baja 魚湯」則多加了麵條，「Balaton 魚湯」用的則是梭鱸魚（pikeperch）。雖然三種魚湯的做法不盡相同，但三者都要加入匈牙利紅椒粉（Paprika）佐味。有趣的是，多數歐美家庭歡度聖誕節都有吃火雞的習俗，唯獨匈牙利人聖誕節並不吃火雞，但是一定要吃「魚湯」，所以「魚湯」算是他們的「聖誕大餐」囉。

　　Sándor 做的魚湯魚隻取之於巴拉頓湖，當然就是「Balaton 魚湯」。「Balaton 魚湯」的做法便是將魚身切成大片，與絞碎的魚頭泥碎一起下鍋，再加入大量的匈牙利紅椒粉後細火燉煮。匈牙利人的「魚湯」吃法，便是撕下一小塊麵包沾著魚湯來吃；我們看著 Sándor 這樣吃，所以也就學著這樣吃。只是匈牙利人烹煮魚湯用的都是淡水魚，而且又不懂得使用蔥薑或蒜來去腥味；所以，老實說這湯頭的土腥味真的還滿重的，我是有點不習慣這腥味。不過匈牙利人似乎已習慣了這味道，幾位匈牙利同事都吃得津津有味並不以為意。

Károlyi 英式公園小禮拜堂／Fót

Károlyi István 的家族在 Fót 鎮上，除了擁有匈牙利建築大師 Ybl Miklós 仿照巴黎聖母院大教堂所設計的 Károlyi 教堂外，在教堂對街處還擁有一片占地很大的私人英式公園，這處花園裡有座家族私人小禮拜堂，尖聳的塔樓造型很美。

★相關資訊：www.fot.hu

Károlyi 教堂／ Fót

Fót 是布達佩斯北邊不遠的小鎮，這座 Károlyi 教堂為匈牙利貴族 Károlyi István 所建，建於 1845 ～ 1855 年間，設計者是匈牙利最有名的建築大師 Ybl Miklós，這是他生平的第一件建築作品，也因此這座教堂在匈牙利的建築史上別具意義。據知 Ybl Miklós 當時的設計靈感來自巴黎聖母院大教堂，所以外觀形式相當類似。

值得一提的是，Fót 附近的 Mogyoród 是 F1 方程式賽車「匈牙利大獎賽」（Hungarian Grand Prix）每年舉行的地點。

★相關資訊：www.fot.hu

絕美的「老湖」
一點也不老

　　既然說到「巴拉頓湖」，不得不讓我想到另一處風光明媚的湖景。這個絕美的湖泊位在 Tata，Tata 是離首都布達佩斯計約 70 公里、人口計約 2 萬的清幽小鎮。鎮上有大大小小的湖泊，其中最大最美的便是「老湖」（öreg-tó）；它雖名稱「老湖」但容貌一點也不老，明媚的湖光水色倒像一位溫柔婉約的小姑娘。之所以被稱作「老湖」，大概是因為她原本是個很大的沼澤，到了 18 世紀時才被整治成人工湖，所以「年紀」有點老。

　　這處「老湖」可以說是我最喜愛的匈牙利景點了，記得第一次造訪時，就被那清澈的湖水以及倒映在湖面的美景所感動，從此她便成了我的匈牙利最愛。幾次有匈牙利友人問我：「最喜愛匈牙利什麼地方？」我總是不加思索地便回答：「Tata 的『老湖』。」該處總是我們一家人每到例假日時，第一個想到的郊遊地點。雖然說布達佩斯的市立公園內也有個小湖，但再怎麼說總覺得人潮熱鬧有餘，倒還不如 Tata「老湖」的清幽寧靜。

1. Tata 老湖清澈的湖水，及倒映在湖面的美景 2. Tata 西南邊的山丘上有個戶外祭壇，從遠處便能看見祭壇處的三柱石雕十字架，它們自 1770 年便佇立在此

1

2

「老湖」最美的季節應該是春夏時節，這時候湖畔的草木蔥翠湖水明淨，加上灑在大地溫暖明媚的陽光，以及別致點綴的幾間湖畔私人別墅，光只沿著湖畔小徑閒散漫步就是美好的一日了。再説「老湖」湖畔有家名叫「Grill & Cocktail」的餐廳，它提供的餐食實在美味極了！服務生態度禮貌服務親切，我甚至覺得無論是口味或服務，它都勝過布達佩斯的任何一家餐廳。這當然也是我們全家喜歡造訪 Tata「老湖」的原因之一，即使從布達佩斯開車上 M1 高速公路，足足需花上約 45 分鐘的路程，但每每在回程時總有「不虛此行」的幸福之感。這餐廳夏天有時還會提供戶外現場烤肉，甚至也提供包船遊湖服務，會有一位專屬服務生隨船服侍餐飲，很是浪漫。

1.Tata「老湖」湖畔這家「Grill & Cocktail」餐廳提供的餐食實在美味極了！服務生態度禮貌服務親切 2.Tata 老湖湖畔幾間造型別致的私人別墅，增添漫步在湖畔小徑的美好視覺享受 3. 依著老湖湖畔建築的私人別墅，得天獨厚取得閒居賞湖的最佳位置

2

3

「老湖」在不同的季節有不同的景趣，記得有一回冬天我們一家從奧地利維也納玩回來，我開車就順道繞進 Tata 小鎮，想看看「老湖」在冬天會展現怎樣的風姿。當我的車駛近湖邊，遠遠地就看見有人在湖面上或溜冰或行走，下車一看原來整個湖面已結成厚厚的冰了，我們也學著在冰湖上走了起來。雖然冰層很厚應該是安全的，但第一次這樣走在冰湖上，歹說還是覺得不怎麼踏實，不過總算知道「如履薄冰」是何感覺了。

　　又有一回夏季散步在「老湖」湖畔，遠處竟然看到匈牙利人划著像「龍舟」的小船，走近仔細一看確實是條「龍舟」。只是這「龍舟」形體也太奇怪了吧，龍頭小小的、龍身瘦瘦的，長相有點滑稽，不像一艘「龍舟」倒像是條「蛇船」。事後我查了一下，才知道原來近年在歐洲也有龍舟競賽，而這項龍舟競賽活動的「龍舟」標準規格，的確是長這個樣子的。生平第一次看到這種「瘦皮龍」，雖然有趣但還是覺得怪怪的；只是，偶然的機緣裡能在 Tata 這樣的小鎮見到老外划龍舟，也算是件出乎意料之外的奇遇吧。

1 Tata 湖畔的民宿提供悠閒的度假環境 2 等這艘龍舟靠岸湊近一看，這條龍的身材有點「營養不良」，有些滑稽 3 老湖湖畔有個湖舟俱樂部，每到夏季湖面上可見到一些泛舟活動

湖畔別墅／Tata

○○○○○○○○○○○○

　　Tata 是個素有「湖泊之鄉」美稱的小鎮，距離布達佩斯大約 70 公里。開車走普通道路大約
一個半小時車程，如走 M1 高速公路則約 45 分鐘可到達。Tata 鎮上最大最主要的湖是「老湖」，
環湖步道繚繞甚遠，沿途湖光水色好不優美；春、夏、秋三季展現不同的季節景致，冬季有時湖
面結冰會有人在其上行走或溜冰。湖邊沿著步道有不錯的旅館、餐廳供人住宿度假，也可見到湖
邊人家別致的別墅或幽靜的房舍。

★相關資訊：www.budapest.com/hungary/cities/tata.en

湖畔別墅／ Tata

○○○○○○○○○○○○○

　　Tata「老湖」環湖步道邊有些別墅民居緊鄰湖畔，像這樣的別墅應該有不少都是度假別墅。因為有幾回我在冬天來到這「老湖」，看到湖畔的別墅房舍大多沒見人煙，有時庭院也野草蔓生似乎乏人照顧閒置著。但是每到7、8、9月度假季節，像這樣度假別墅的庭院大都整理得草木扶疏。畫中這棟房舍以深褐色木材搭建而成，樸閒的質感很有度假的氛圍。攀爬牆上的樹蔓在春夏之際綠意盎然，但到了秋冬季節則轉色為紅葉片片，呈現了「老湖」不同的四季之美。

★相關資訊：www.budapest.com/hungary/cities/tata.en

075

Tata

Tisza
提薩河

Duna
多瑙河

Balaton
巴拉頓湖

湖畔房舍／Tata

◉◉◉◉◉◉◉◉◉◉◉◉

　　這間房舍算是 Tata「老湖」度假房舍中較為簡樸的，雖然屋況較為老舊，造型也不是別出心裁，不過這就是匈牙利鄉間房舍典型的模樣。沒有太多誇大裝飾的訴求，倒是多了些實用樸質的感受，這多少也反映了匈牙利人的民族個性吧。像這間房舍牆面鵝黃色的粉漆，是匈牙利鄉間傳統房舍喜歡用的粉刷色調。

★相關資訊：www.budapest.com/hungary/cities/tata.en

Tata
Duna
多瑙河
Tisza
提薩河
Balaton
巴拉頓湖

湖畔房舍／Tata

○ ○ ○ ○ ○ ○ ○ ○ ○ ○ ○ ○ ○

　　畫中這間白牆的房舍是 Tata「老湖」湖畔的一家餐廳，在炎炎夏日裡，湖畔柳樹的綠蔭剛巧投影在白牆上，消解不少暑意。其實沿著「老湖」湖畔除了有民宿、旅店外，也有幾家不錯的咖啡館及餐廳，有些裝潢典雅走的是西歐風格，提供精緻的西式糕點、咖啡及餐食，但這家湖畔白牆餐廳則走傳統路線，提供的多為匈牙利本地菜餚。

★相關資訊：www.budapest.com/hungary/cities/tata.en

鄉間度假
別有一番樂趣

　　雖說不少「國內度假」的匈牙利人擁有自己的湖濱度假小屋,當然有些匈牙利人的度假小屋並不在巴拉頓湖邊。像是我內人的陶藝老師 Judka,她的度假小屋是在一處鄉間坡地的葡萄園間。其實它就是間小小的、簡陋的「all in one」小木屋,大小約在兩坪左右,沒有任何隔間,客廳、餐廳、廚房、臥房通通共用一室。Judka 說度假季節她偶爾會來住上一陣子,其他時間則委託她在村子裡的哥哥照顧這小屋。她曾邀請我們夫婦及她的幾位親友到這小屋小聚野餐。當天她用野炊大鍋煮了道地的匈牙利牛肉湯(Gulyás),就在小木屋的後院以柴火慢工燉煮了一個上午,這牛肉湯美味極了!

　　用過餐後,大夥便到葡萄園採剪葡萄,隨後倒入傳統的木造榨汁機裡面榨出葡萄汁來,這現榨的葡萄汁是為拿來釀造葡萄酒的。但是我們等不及,便拿著杯子湊過去,趕緊接住那剛榨出來的新鮮葡萄汁來喝,滋味相當甜美可口,這也算是鄉間度假的另一番樂趣吧。

　　我那位好友 Szabó János 醫生除了每年要出國度假外,他在離布達佩斯不遠的鄉下Gyúró 也有個鄉間度假小屋,也曾幾次邀我們家前往共度假期。他的度假小屋則稍為大些,屋前有個院子,屋後則是一片空草地,種種幾棵果樹什麼的。Szabó János 醫生一家人在鄉間小屋的度假方式也很悠閒,他們一早就在院子裡擺布餐桌椅,接著大人開始在廚房準備吃的,小孩們則在後院草皮上玩耍。到了中午時分,大家便安坐下來開始喝酒用餐。

　　記得第一回到他的鄉間小屋作客,一上來的主菜便是「大」豬排,真的是又大又厚。我這位醫生朋友體格壯碩高大,瞧他一連吃了二、三塊,真叫我見識了匈牙利人

採剪下的葡萄倒入這種傳統木造榨汁機裡，榨出葡萄汁來便可以拿去釀造葡萄酒了

的大食量。我則是很努力地才解決掉眼前的「這隻豬」，他不知道我的食量甚小，肚子容量也沒他大，還問我：「需不需要再來點馬鈴薯？」

餐後接著上來的是飯後甜食「米布丁」及「鳥奶」（madártej），這「米布丁」又是好大一塊，少說也有 10 公分見方！米布丁質感有點像蘿蔔糕，但是帶有爛米粒及香草味。再將這米布丁下肚，我真是吃得太撐了，倒是那「鳥奶」很合我的胃口。

稱它叫「鳥奶」（madártej）是照字面意思翻譯來的，madár 這字匈文是「小鳥」的意思，tej 這字則指「奶汁」。「鳥奶」聽起來像是從小鳥身上擠出來的奶汁，有點奇怪，是吧？其實比較貼切的翻譯應該是「浮島甜湯」，因為它是一種牛奶做的甜湯，甜湯裡有一塊塊蛋白打成的慕斯漂浮其上，像是一個個漂浮的小島一般。製作「鳥奶」的配方如下：浮島的材料是蛋白、砂糖，甜湯的材料則包括牛奶、雞蛋、香草、麵粉、砂糖。我猜想，它會稱作「鳥奶」大概是因為浮島的主要材料來自雞蛋的蛋白（雞也算是鳥類吧），而甜湯的主要材料則來自牛奶。

其實，我發現一整個下午的時光，我們幾乎都是在聊天或者應該說是在邊吃邊聊的氣氛下打發的，而他的小孩們則是快樂地在草皮上嬉戲。Szabó 先生告訴我，他家大約每一、兩個月就會到這「鄉間小屋」來，至少草皮、果樹總需要照顧修剪一下。我猜測，像這樣在庭院裡吃吃飯、聊聊天、晒晒太陽、東摸摸西摸摸地過一天，或許就是匈牙利人典型「在家度假」的方式。

老實說，包括匈牙利人在內的歐洲人都很懂得享受生活，他們認為度假也是正常生活的一部分，不管有錢沒錢每年定期的度假一定不能少。相對而言，似乎亞洲人包括我們臺灣人在內，就普遍缺少這樣的人生觀，但究竟孰過？孰不及？

又醜又老的
女人

多瑙河
偶爾使一下性子

　　在匈牙利住了這麼多年，我跟內人都有一種共同的感受，那就是這個國家真是「得天獨厚」，幾乎可以說完全沒有臺灣所不想要的各種天災。既沒有地震也沒有颱風，只有境內的多瑙河（Duna）及提薩河（Tisza）偶爾會使一下性子而已。多瑙河及提薩河是匈牙利兩大河流，歷史上這兩大河流都曾有過幾次大水災。

　　多瑙河的水患多是阿爾卑斯山累積的冬雪在春天來臨時融化，因為水量頓時的驟增所引起的，因此歷史上的大水患幾乎都發生在 3 月期間。根據歷史記載，多瑙河於 1838 年及 1876 年曾經發生過大水災，當年這兩場水患氾濫布達佩斯時，水淹高度都超過 1 公尺。根據歷史留下來的水災照片，可以看出 1838 年的水患讓布達佩斯的街道留下一片狼藉；而 1876 年的水患水位至少有半層樓高。市中心「匈牙利國家博物館」的圍籬上及 Rákóczi út 街的一座小教堂牆上，均標記著 1838 年水災的水位高度。甚至在離布達佩斯 20 公里遠的 Érd 小鎮上，也有一處建物的牆上除了標記著多瑙河 1838 年大水患的水位外，其後 1876 年以及 1940 ～ 1941 年間氾濫的水位高度也都有標註。

　　多瑙河近年較大的水患則發生在 2003 年，只不過布達佩斯受災情形不算太嚴重，河水只淹漫到兩邊河岸，肆虐程度已不像 1838 年及 1876 年兩次水患所造成的不便及災害。當時我開車從布達過橋到佩斯，就看到河岸邊的國會大廈四周淹水，不過水深大約只到小腿高度。

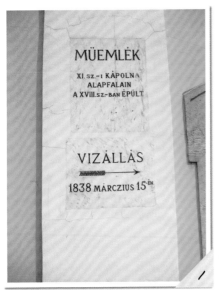

1

2

3

1. 布達佩斯市區一座小
教堂牆上，標記多瑙河
1838 年氾濫時的水位高
度 2. 布達佩斯的「匈
牙利國家博物館」圍籬
上，也標記著多瑙河
1838 年氾濫時的水位高
度 3. Érd 小鎮上一處牆
上，分別標記著多瑙河
1838 年、1876 年 以 及
1940 ～ 1941 年間氾濫
時的水位高度

Budapest
Duna
多瑙河
Tisza
提薩河
Balaton
巴拉頓湖

匈牙利國家博物館／布達佩斯

　　這座「匈牙利國家博物館」是匈牙利最具歷史意義及重要性的博物館，館內典藏開國以來的一百多萬件歷史文物。博物館啟建於 1837 年，花了十年才完工。博物館另一項歷史意義是，它是 1848 年抗奧革命的起義地點。當年 3 月 15 日愛國詩人裴多菲（Petőfi Sándor）就站在博物館右側的高臺上，發表他的〈民族之歌〉及〈12 點訴求〉。

　　裴多菲就是寫下「生命誠可貴，愛情價更高；若為自由故，兩者皆可拋」詩句的詩人，他為爭自由民主而拋妻棄子參與革命，就義時年僅 26 歲，但一生共創作了七百多件文學作品。

★相關資訊：hnm.hu/en

084

國會大廈／布達佩斯

　　國會大廈被認為是多瑙河畔最華麗的建築，屬新哥德式建築風格，1884 年起造，經過 20 年的工程，於 1904 年落成。內部裝飾總共使用了 40 公斤的黃金，華貴程度只能用金碧輝煌來形容，內有 691 個房間，走廊總長達 20 公里，足見規模之大了。

　　國會大廈部分空間有開放參觀，但只開放定時的梯次導覽，並不能個別入內參觀，導覽時間計約 50 分鐘。裡面最重要的國寶，就是代表開國君主 István 國王的王冠及權杖。

★相關資訊：www.parlament.hu/web/house-of-the-national-assembly

還願大教堂／ Szeged

Szeged 是匈牙利南部大城市,也是全年日照時間最長的城市,因而也有「陽光之城」的稱號。匈牙利第二大河 Tisza 河從城中貫穿而過,河裡盛產魚類,因而「魚湯」是 Szeged 引以為豪的佳餚。

不過 Tisza 河 1879 年一場持續好幾個月的大水患,將 Szeged 這城市幾乎完全摧毀,幸經歐洲幾個大城市解囊相助,才得以重建恢復家園。現今市中心大廣場上這座建成於 1930 年的「還願大教堂」(或稱為「獻禮大教堂」,Votive Church),就是為了紀念當年那場大洪水而蓋的。教堂前方較為低矮的塔樓,則是 13 世紀一座教堂的遺跡。

★相關資訊:www.visitszeged.com/en/places-to-visit/votive-church

提薩河
一發不可收拾

　　至於匈牙利第二大河提薩河在 1879 年 3 月的水患，就真的非常嚴重了。提薩河是貫穿匈牙利東半部的大河，所以水患對於位在西半部的首都布達佩斯並無影響；但對南部大城 Szeged 市卻是個大劫難，當時受災嚴重的 Szeged 市可說幾乎全毀，水災一共沖毀了 5,000 多間房舍、6 萬人無家可歸。災後幸得歐洲鄰近各國首都：維也納、倫敦、巴黎、布魯塞爾、莫斯科、羅馬等城市伸出援手捐款協助重建，Szeged 市才得以浴「水」重生。

　　重建後的 Szeged 市為感念這些善鄰的鼎力相助，特別以這幾個歐洲城市來命名市區的幾條重要街道。所以，下回當你有機會造訪 Szeged 這個城市時，如果適巧看見「Bécs（維也納）、London（倫敦）、Párisz（巴黎）、Brüsszel（布魯塞爾）、Moszkvai（莫斯科）、Róma（羅馬）」等街名時，就能了解其緣由了。Szeged 市除了以路的命名來紀念這次城市的重生外，之後也在市中心的大廣場上蓋了「還願大教堂」，以表達居民敬天謝人的感恩之情，並作為災後撫慰受難者心靈的殿堂。

　　這座「還願大教堂」啟建自 1913 年，直到 1930 年才完工，連著教堂周圍的建築則是匈牙利知名的「Szeged 大學」。「Szeged 大學」的醫科在匈牙利很出名，維他命 C 的發現者 Albert Szent-Györgyi 就是這所名校的校長，他也因為這項成就而榮獲諾貝爾獎。

有一年在我那醫生友人 Szabó János 的提議下，我們兩家人開車一起造訪了 Szeged 市；因為他就是從這所「Szeged 大學」醫學院畢業的，所以他對於 Szeged 市的點點滴滴特別清楚，有關提薩河大水災及重建過程的歷史典故，我也是經由他的導覽才得知的。記得在那次的同遊途中，Szabó János 醫生還特地帶我們去品嘗當地人相當自豪的「Szeged 魚湯」佳餚，他還點了出乎我意料的「炸牛蛙腿」，原來匈牙利人也愛吃「田雞」這野味。

　　說真的，匈牙利就除了歷史上算得出來少有的幾次水患外，其實自然氣候四季分明，沒有太多好挑剔的了，如果借用宋朝慧開禪師「春有百花秋有月，夏有涼風冬有雪；若無閒事掛心頭，便是人間好時節」這詩句來形容，應該是再適切不過的了。在這個老天眷顧的國度，幾乎天天都見得到藍天白雲，昏暗陰霾的天氣真的比較少見；一離開市區進入郊外則更是豁然開朗，不是萬里晴空就便是白雲紛飛的氣象。我跟內人幾乎都有同樣的結論：如果哪天終於跟布達佩斯說聲再見，回到臺灣後對於匈牙利最懷念的，那一定是她的好天氣了。

1. 百花爭豔的「春」，萬紫千紅讓人賞心悅目
2. 藍天白雲的「夏」，風光明媚叫人心曠神怡
3. 落黃繽紛的「秋」，愁葉滿地使人悲從中來
4. 瑞雪紛飛的「冬」，天地皓白令人萬念空寂

3

4

誰是
「又醜又老的女人」

　　匈牙利在得天獨厚美好天氣的照應下，一年四季呈現的是完全不同的自然景象。記得 2008 年初春，我們剛搬進 Paulay Ede utca 街的住處沒多久，有一天從李斯特廣場走到 Andrássy út 大道上，觸目所及的就是初春時節鮮綠嫩葉的行道樹，令人剎那間便感受到了春的氣息。這是匈牙利典型的春天氣息，但當夏日一到，則又是一番不同的景象。

　　記得有一年初夏 5 月間，我們一家前往著名的「世界文化遺產」村莊 Hollók，一路上在鄉間所見的泛黃田野，是一片接一片黃得令人驚豔的油菜花田。又有一年 7 月間，我們驅車前往西北部邊境 Fertőd 小鎮，主要是為了造訪有「匈牙利凡爾賽宮」之稱的「Esterházy 宮邸」。途中印象特別深刻的，除了藍天上放肆的白雲滿天紛飛外，就是一片又一片盛開在郊野無際的向日葵田。碩大豔黃的向日葵映襯在藍天白雲下，更誇張地強調了匈牙利常有的美好天氣。

　　1. 布達佩斯市區 Andrássy út 大道上的行道樹，初春時節冒出鮮綠的嫩葉　2. 離開布達佩斯市區進入郊外，則見豁然開朗白雲紛飛的氣象　3. 一望無際的向日葵田，7 月間盛開在西北部邊境 Fertőd 小鎮的郊野，碩大豔黃的向日葵映襯在藍天白雲下

1

2

3

匈牙利既然氣候這麼好、天氣如此佳，為何又會有「又醜又老的女人」之說呢？

其實，匈牙利人所說的「又醜又老的女人」，指的是秋天本該是秋高氣爽的節候，但有時氣溫卻還像盛夏般酷熱逼人。匈牙利人形容像這樣氣溫反常令人難以消受的秋天，簡直像是個不受歡迎「又醜又老的女人」。如果換成我們的說法，便是「秋老虎」了，想必「又醜又老的女人」的脾氣，就像秋天的母老虎吧。

匈牙利有些形容氣候或天氣的俗諺是滿有意思的，而且常常與「魔鬼」扯上關係。像是又出太陽又下雨的怪天氣，匈牙利人就會說是「魔鬼正在打老婆」，這落下來的雨難不成就是魔鬼老婆的眼淚嗎。但如果是遇到隆隆的打雷聲，匈牙利人就會說是「魔鬼滾著木酒桶」；這倒奇怪了，魔鬼不都是住在地獄嗎？怎麼會跑到天堂搗蛋作怪去了？

有一次我和匈牙利同事 Magyar Anna 到南部大城 Szeged 洽事，正當車子開在高速公路上，忽然間，大太陽天竟然下起雨來了。我轉頭向她說：「魔鬼正在打老婆。」她很驚訝我竟然知道這句匈牙利諺語。說真的，我也忘了我從何處學來的。

大太陽下忽然飄來一朵烏雲，似乎要下起雨來了，莫非魔鬼打算要打老婆了嗎？

Esterházy 宮邸／Fertőd

　　這座被稱為「匈牙利凡爾賽宮」的 Esterházy 宮邸位在 Fertőd 小鎮上。它之所以有如此稱號，是因為外型與法國凡爾賽宮相似，內部一共有 126 個房間，其中也有一間「鏡廳」；不但如此，莊園裡也有座凡爾賽式的後花園。

　　這宮邸於 1760 ～ 1770 年由 Miklós Esterházy 親王所建，音樂家海頓曾經擔任 Esterházy 家族的樂師，因此，現今在 Esterházy 宮邸設有個海頓紀念館。畫面右前方是匈牙利國旗，在空中隨風飄揚。

★相關資訊：www.esterhazy-palace.com/en/home.html

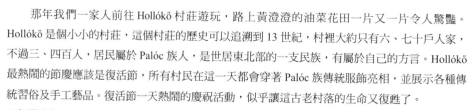

初夏的油菜花田／Hollókő

那年我們一家人前往 Hollókő 村莊遊玩，路上黃澄澄的油菜花田一片又一片令人驚豔。Hollókő 是個小小的村莊，這個村莊的歷史可以追溯到 13 世紀，村裡大約只有六、七十戶人家，不過三、四百人，居民屬於 Palóc 族人，是世居東北部的一支民族，有屬於自己的方言。Hollókő 最熱鬧的節慶應該是復活節，所有村民在這一天都會穿著 Palóc 族傳統服飾亮相，並展示各種傳統習俗及手工藝品。復活節一天熱鬧的慶祝活動，似乎讓這古老村落的生命又復甦了。

★相關資訊：www.holloko.hu/en

「鵝胸骨」
也能卜測氣候

相不相信匈牙利人拿鵝骨頭來卜測氣候？

說到鵝，就不得不提一下「聖馬丁」（匈文 Szent Márton，英文 Saint Martin）這號人物。聖馬丁是天主教的一位聖人，西元 316 年出生在當時羅馬帝國城市 Savaria（即現今匈牙利西部邊界城市 Szombahely）的一個異教徒家庭，所謂「異教徒」就是與基督教徒相對而言的「非基督教徒」。馬丁原本是個羅馬軍人，有次在大雪紛飛的行軍途中，看到路邊有一個衣不蔽體的貧苦乞丐，他當下心生惻隱便揮劍割下身上的披風，並給這個乞丐披上以禦寒暖身。他因為毀損了軍服，還遭到關禁閉的處罰；可是當天晚上，他竟然夢見耶穌身穿他給乞者的披風。馬丁因為受到這個夢境的啟示，沒多久之後他便脫離了軍旅生涯，並虔誠地投身於宗教靈修，最後還被選任為主教，死後受冊封為聖人。在多瑙河北端河邊的 Nagymaros 小村，有座雕像述說的便是聖馬丁「割袍濟貧」的故事。

至於，「鵝骨頭卜測氣候」跟他有何關係呢？這要從馬丁成為主教的一段傳說說起。話說馬丁自從虔心事主後，就非常受到眾人的敬重，於是大家有意推選他來當主教。可是他很謙虛而不願接受這般的寵遇，於是就跑到馬廄裡躲了起來，好讓眾人找不到他。不過他的躲藏動作驚擾到了馬廄裡的鵝群，一時「嘎嘎嘎……」的鵝聲四起，最後他還是讓眾人找到了並選他作為主教。為了慶賀此事，大家便宰了鵝隻作為饗宴，

這個習俗從此便傳了下來。馬丁逝世於西元 397 年 11 月 8 日，於同年 11 月 11 日安葬。由於他生前行過治病的神蹟，於是死後不久便受封為聖人；後來，便訂定他安葬的日子 11 月 11 日為「聖馬丁節」。

　　由於「聖馬丁節」屬於宗教節日，因此在歐洲各地普遍都有相關的節慶習俗。至於在匈牙利的習俗，則是 11 月 11 日「聖馬丁節」這天一定要吃鵝肉，人們相信這樣才能確保來年足食無虞，所以有些餐廳還在這節日期間推出「鵝肉大餐」。似乎我們相信吃「魚」能確保「年年有餘」，匈牙利人則相信吃「鵝」才能確保「歲歲不餓」。

　　匈牙利人在 11 月 11 日「聖馬丁節」這天吃完鵝肉後，就拿吃剩的鵝胸骨來猜測來年是否能有個好年冬。如果這鵝胸骨顏色偏白，就表示來年將是個遍地白雪的寒冬；如果偏黃，就表示來年將是個遍地黃土的暖冬。再者，根據這胸骨的尺度長短，則可預知來年冬季時間的長短。

Nagymaros 小村裡的這座雕像述說著聖馬丁「割袍濟貧」的故事

教堂鐘樓／Nagymaros

◎◎◎◎◎◎◎◎◎◎◎◎◎◎◎◎◎

　　Nagymaros 是個小村，位在多瑙河北端的河邊，與對岸 13 世紀的古城堡 Visegrád 遙相對望。中世紀時 Visegrád 曾經是匈牙利的夏都，王公貴族們每到炎夏就會到 Visegrád 避暑，隨行的僕役則都住到對岸的 Nagymaros。一進入 Nagymaros 村莊，最醒目的建築物就是建造於 14 世紀的這座天主教教堂。從教堂往多瑙河邊的方向走去，就可以見到聖馬丁「割袍濟貧」的雕像。

★相關資訊：www.nagymaros.hu

「露琪亞節」及
「跨年夜」的占卜

　　好友 Bajzath Judit 是匈牙利自然科學博物館的副館長，我初到匈牙利沒幾年就認識了她，至今算算也有十餘年的交情。有一回，我請她在辦公室附近的「Múzeum étterem」餐廳吃飯。這家餐廳位在「匈牙利國家博物館」旁因而取名「Múzeum」。餐廳開業於 1885 年，是間超過百年的老店家，也曾榮登「布達佩斯十大餐廳」殊榮。雖然近年面對新秀餐廳的競爭，風光已不若當年，但是菜餚及咖啡的品味都還維持水準之上，也是我時常光顧的餐廳之一。

　　記得那是天氣正冷的 11 月初，那天，我們大概是因為這家餐廳的一張「聖馬丁節鵝肉大餐」的海報，而聊到了有關匈牙利預測天候的習俗。

　　Judit 告訴我，除了在「聖馬丁節」食用鵝肉並用鵝胸骨預測天氣的習俗外，在 12 月 13 日「露琪亞節」這一天，他們還另有個預測天氣的習俗。那就是從 12 月 13 日「露琪亞節」到 12 月 24 日「聖誕節」期間，將每日的天氣狀況都記錄下來，從這 12 天的天氣紀錄情形，就可以分別預測來年 12 個月的天候狀況，匈牙利人稱它是「露琪亞曆」（Luca naptár）。

　　「露琪亞」（匈文 Luca，即義大利名 Lucia）是出生在義大利西西里島的一個女子，由於她堅守天主信仰，為了護教而被羅馬士兵挖去雙眼凌虐至死，殉道於西元 310 年，後來羅馬教廷封她為聖女（義文稱 Santa Lucia）。有一首著名的義大利民謠〈聖塔露西亞〉（*Santa Lucia*），歌名指的就是這位守護那不勒斯小港口的聖女

（這小港口也取名 Santa Lucia），從歌詞內容也可知道這民謠其實是首船歌。同時，因為 Lucia 這個字的拉丁原文 Lux 意為「光」，天主教則將之引申解釋為「驅走黑暗，帶來光明」的意涵，於是 Santa Lucia 聖女也被視為「光明使者」。

所以在「露琪亞曆」期間，匈牙利還有個特殊的驅邪習俗──從 12 月 13 日「露琪亞節」這天開始，要用 9 種（或 13 種）不同材質的木材製作一張「露琪亞凳子」（luca szék），而且這製作過程必須祕密且慢慢地進行，直到聖誕節 12 月 24 日這天才能完工（所以匈牙利人會用「慢得像在做『露琪亞凳子』一樣」這句俗話，來形容動作或工作進行得慢吞吞的），然後在聖誕夜的子夜彌撒時，製作者就站上自己做的凳子。據說這時可以看到頭上長角的巫婆，然後他必須趕快帶著凳子回家，並且一路上在身後灑下罌粟種子以擺脫邪靈的尾隨；回到家後還要將凳子丟入火中燒掉，以避免惡魔上身。會有這樣的驅邪習俗，大概是因為人們相信藉由「光明使者」Luca 的光明神力，凡人也可以擁有像孫悟空的火眼金睛一般，一眼就能認出妖怪來。不過這「露琪亞凳子」的驅邪習俗在都會區現已不多見了，也許在鄉下或田野間，人們還仍然保持這項傳統吧。

Judit 又告訴我，匈牙利人還有利用洋蔥來占卜來年氣候的習俗。那就是在一年的最後一天 12 月 31 日晚上（也就是跨年夜），剝下 12 片洋蔥皮並在其上擺置鹽巴，之後將它們擱在窗臺上，然後隔天一早看看其乾溼、色澤及形狀的變化。12 片洋蔥皮分別代表未來一年的 12 個月，被鹽巴脫出來的水分就代表雨量，越是潮溼則代表當月的降雨量會越多，越是乾燥則代表當月的降雨量會越少，或甚至表示是不會降雨。根據這樣推測出來的一年氣候變化，就可以編成簡易的「洋蔥曆」（Hagyma naptár）了。至於洋蔥皮色澤及形狀的變化如何判讀呢？可能就見仁見智了。

我與 Judit 一起用餐的 Múzeum étterem 餐廳

狗兒為何
不流浪

真把狗兒
當人看

　　旅居布達佩斯這麼多年，大狗、小狗、惡犬都見過，但在我的印象中，無論是在城市或是在鄉間，似乎就是沒見過「流浪狗」。依我的感覺與觀察，這似乎跟匈牙利人愛狗的民族性有關。

　　我在布達佩斯搭乘地鐵、公車或電車的經驗，就常常碰見有民眾牽著狗兒上車，不過他們都有幫狗兒套上狗鍊及嘴套的好習慣，一方面是保護其他乘客的安全、一方面也避免狗兒亂叫。雖然這是由於有「寵物必須隨主人搭車」的規定要求，但一般的狗主人也都會主動做到，這點倒是值得我們學習。一般而言，狗兒上了車廂也都很自動地乖乖趴坐著，不吵不鬧也不會亂動亂跑，似乎這已是人狗間早有的默契。更有趣的是，依照布達佩斯地鐵的規定，隨主人搭車的狗兒也必須購票才能上車（當然是狗主人買啦），這還真把狗兒當人看呢。

　　歐洲各國的街道上，常常能見到各式各樣的街頭雕像，也許是名人的雕像、也許是政治人物的雕像、也許是歷史人物的雕像，幾乎多數的街頭雕像都是以「人」為主題的。當然，在布達佩斯的街頭也不乏這類的人物雕像。只不過較特別的是，匈牙利這個國家以「狗」為主題的街頭雕像，似乎較其他國家更多了些。布達佩斯有處地鐵站的月臺上，就特別擺置了一座「盲人與狗」的雕像，我猜牠應該是隻忠心盡責的導盲犬吧。

1. 布達佩斯一處地鐵站月臺上的「盲人與狗」雕像 2. 布達佩斯多瑙河畔行人道上的「女孩與狗」雕像，刻畫人狗親密的互動 3. 這個「頑童與惡犬」街頭雕像很生動，惡犬正咬住緊抱著雞隻的小孩衣角不放，難不成這頑童是個偷雞賊？

記得我第一回外派到匈牙利擔任新聞外交工作時，折騰了很多日子，好不容易才在布達山區找到棲身之所。我們當時落腳在布達山區的「青石街」（Zöldkő utca），因為住家在門禁森嚴的高級別墅群中，所以每當走在人行步道時，由於沒有「內有惡犬」的心理準備，常常就被別墅內惡犬突如其來的狂吠所驚嚇。這也難怪了，有錢人的家總要養幾條看門狗看緊錢財。有時候惡犬就只是籬笆、欄杆或圍牆一線之隔，感覺上牠就正面對著你吼叫，不得不教人退避三舍。

　　印象最深的是「蒲公英街」（Pitypang utca）上一戶人家的黑狗，牠似乎對我們一家人特別不友善。說也奇怪，當地的匈牙利人走過這戶人家時，牠叫都不叫；但每當我們這家人經過，牠可是抓狂起來又叫又跳的，幾乎沒有一次例外，還好有欄杆隔著。因為我們幾乎天天都必須經過這兒，牠似乎已經記得我們的味道了，有時甚至遠在 50 公尺外，牠便開始吠了起來，或許牠不喜歡我們的味道吧。但也可能牠很喜歡我們的味道，或許覺得我們這異國風味，應該很可口很好吃吧。

　　養在像這樣大戶人家的狗，幾乎都是大隻的狗兒。我的鄰居 Sugár 先生家也養著一頭大狼犬，不過牠對我們一家人倒是非常的友善。打從我們搬來住的第一天，牠就只是隔著籬笆好奇地巴望著我們，似乎嗅出我們會是個好鄰居。幾年下來，就沒聽牠叫過幾聲，真是「家教」不錯的淑女。

　　後來，當我第二度回到布達佩斯工作時，為了上班交通方便，先是住在佩斯市區李斯特音樂學院旁的 Paulay Ede utca 街上；後來又搬到 Astoria 地鐵站旁的「馬札爾街」（Magyar utca），辦公室就在對街走路不需 2 分鐘。佩斯這邊因為是屬於商業區，一般住家少有自己的庭院，因此不太方便飼養體型較大的狗兒。所以市區裡常看到牽出來遛走的狗兒，幾乎多是嬌小可愛的小狗。由於到公園遛狗的人不算少，因此有些公園設有狗兒專用的垃圾桶及塑膠袋，方便狗主人自行撿拾狗糞丟棄。因此，布達佩斯街頭似乎鮮少見到狗便便，但是狗尿尿倒是常見，尤其是走在小巷裡偶爾也會飄來陣陣尿騷味。

　　要說匈牙利人對狗特別鍾愛，似乎一點也不為過。市區的地鐵站通道內或街頭上，有時會看到乞討的遊民或乞丐身邊都有隻狗兒相依為命，但就不知道究竟是主人對狗兒的不離不棄？還是狗兒對主人的不棄不離呢？抑或是這些遊民乞丐認為人們對狗兒的寵愛，更甚於對人類的同情呢？說不定「不看人面看狗面」，看狗兒可憐更願意施捨吧。

2

1. 有些公園設有狗兒專用的垃圾桶及塑膠袋 2. 市區裡常看到牽出來遛的狗兒多是嬌小可愛的小狗

狗兒自古
便是好伙伴

　　匈牙利人之所以愛狗，是有其歷史淵源的。匈牙利人是個來自東方的民族，早自一千多年前，當祖先馬札爾人過著游牧生活時，狗兒便是擔負驅趕牛隻及照顧羊群的工作。這些協助牧羊的狗兒，就是所謂的「匈牙利牧羊犬」，牠們一路跟著馬札爾人遷徙來到喀爾巴阡盆地，也就是現今匈牙利這片土地。

　　這種「匈牙利牧羊犬」有兩種，一種是身軀較小黑毛的「波利犬」（Puli，或稱「埔里狗」，但跟臺灣的埔里沒關係），另一種則是體型較大白毛的「可蒙犬」（Komondor，或稱「科蒙多爾犬」）。這兩種狗兒體型大小雖然有別，但有個共同的特色，就是都長得很像「拖把」，因此有人會戲稱牠們是「拖把狗」。

　　當然，這兩種狗兒除了體型有別外，其實狗性也不太一樣。「波利犬」因為個性活潑、動作靈敏，因此負責白天驅趕牛隻及羊群的工作；「可蒙犬」因為天性機警、盡忠職守，因此就負責夜間看管牛隻及羊群。牠們一個值日班、一個值夜班，黑毛白毛分工合作各司其職，真是馬札爾人（匈牙利人）的好幫手也是好伙伴。這兩種「拖把狗」全身長著像是拖把的毛辮子，又厚重又緊實，這一身厚實的「毛衣」，就像是金鐘罩鐵布衫。除了能禦寒保暖擋風防雨外，一旦在野外遇到狼群攻擊時，在搏鬥中也有保護皮肉的作用。因為毛層實在很厚，讓狼牙不容易咬進去。

　　有一年，我與內人到巴拉頓湖北方的 Sümeg 小鎮遊玩，並參觀山丘上著名的古城堡。山腳下有個私人的小博物館，博物館主人見有遊客上門又是外國人，便親切地邀請我們入內參觀。其實，館內就是一些私人收藏品，雖然無甚可觀，但從屋邸的規模

以及窗楣上的家徽看來，多少可以想像它們的主人，當時應該也是貴族之流。博物館中比較引起我興趣的是其中一間「狩獵室」，牆上掛滿狩獵的戰利品鹿角和四幅四季狩獵圖，顯示出主人家非富即貴的身分地位。而當下我心中則猜想著，這位親切的館長也許就是這「貴族獵人」之後吧。

1. Sümeg 小鎮的導覽地圖以古城堡為主體，手繪風格很「中世紀」
2. 從窗楣上的家徽看來，可以想像房子的主人當時應該也是貴族之流
3. 狩獵室牆上掛滿狩獵的戰利品鹿角，顯示主人家非富即貴的身分地位
4. 狩獵室的冬獵圖，遠處山丘上所畫的正是 Sümeg 古城堡

1. 博物館主人跟他養的體型比較小的「波利犬」2. 可愛的「波利犬」奔跑在博物館庭院，立在遠方山丘上的便是 Sümeg 古城堡 3. 南部大城 Szeged 市區的這個雕像，便是體型比較大的「可蒙犬」4. Szolnok 小鎮的「小孩與狗」雕像說明狗是小朋友最好的朋友

3

4

　　話說這個博物館的收藏品無甚可觀，倒是跟在博物館主人身邊的一坨黑色「拖把」，很引起我們的興趣。這還是我第一次親眼看到這種怪模樣的「波利」牧羊犬，牠滿身的黑毛就算混在羊群裡，應該也像隻小黑羊吧。

　　眼前這隻「波利犬」全身毛茸茸的，從頭上垂下來的黑色狗毛，把眼睛幾乎完全遮住了，全身只看到伸在嘴外一丁點豔紅的舌頭，都不知道牠是怎麼看路的。用「萬黑叢中一點紅」來形容，真的再貼切也不過了。只是再怎麼可愛，我還是會把牠跟「拖把」聯想在一起。看牠一副灰頭土臉的模樣，還真像是剛刷過地板的拖把呢。我在猜想，也許是牠這一身糾纏不清的毛辮子，實在是不太容易清理的關係吧。

　　至於體型較大白毛的「可蒙」牧羊犬，有回偕妻前往南部大城 Szeged 遊玩，市區一處十字路口有個「可蒙犬與小女孩」的雕像。小女孩一手抓著布玩偶，一手撫在可蒙犬的頭上，好似正等著過馬路。「可蒙犬」則乖乖地端坐在小女孩身邊，較大的體型都快跟小女孩一般高了，好像正等著綠燈好護送小主人過馬路。看來，機警盡職的「可蒙犬」不只有看顧羊群的天性，更有保護孩童的本事。

　　像這樣傳達狗兒與兒童親密關係的雕像，在匈牙利其他城市也是有的。中西部小城 Szolnok 市政廳前的噴泉廣場上，就有個「小孩與狗」的雕像，小狗亦步亦趨跟在小男孩背後，就像是好朋友結伴而行。

古城堡／ Sümeg

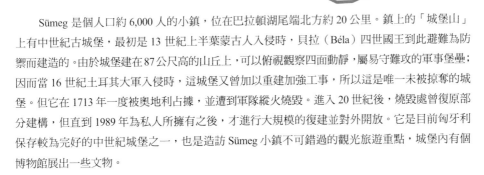

　　Sümeg 是個人口約 6,000 人的小鎮，位在巴拉頓湖尾端北方約 20 公里。鎮上的「城堡山」上有中世紀古城堡，最初是 13 世紀上半葉蒙古人入侵時，貝拉（Béla）四世國王到此避難為防禦而建造的。由於城堡建在 87 公尺高的山丘上，可以俯視觀察四面動靜，屬易守難攻的軍事堡壘；因而當 16 世紀土耳其大軍入侵時，這城堡又曾加以重建加強工事，所以這是唯一未被掠奪的城堡。但它在 1713 年一度被奧地利占據，並遭到軍隊縱火燒毀。進入 20 世紀後，燒毀處曾復原部分建構，但直到 1989 年為私人所擁有之後，才進行大規模的復建並對外開放。它是目前匈牙利保存較為完好的中世紀城堡之一，也是造訪 Sümeg 小鎮不可錯過的觀光旅遊重點，城堡內有個博物館展出一些文物。

★相關資訊：sumeg.hu

Kinizsi 城堡／ Nagyvazsony

　　這座位在巴拉頓湖北邊 Nagyvazsony 小村莊的 Kinizsi 城堡，為 15 世紀匈國名將 Kinizsi Pál 所有，他是馬提亞斯國王旗下的大將，曾在 1479 年打敗土耳其大軍立下大功。Kinizsi Pál 是匈牙利的傳奇英雄人物，傳說中他是個大力士，馬提亞斯國王因為賞識他的神勇而將之收編麾下，他在戰場上屢建奇功，最後晉升到大將軍。這城堡現多已殘斷，僅存的主碉堡高有 29 公尺。

★相關資訊：www.kinizsivar.hu

愛狗的
馬提亞斯國王

　　除了「波利犬」和「可蒙犬」這兩種牧羊犬是道地的匈牙利純種狗外，還有一種有名的匈牙利純種狗叫「維茲拉獵犬」（Vizsla），牠被認為是匈牙利的「國犬」。據信，「維茲拉獵犬」也是在 10 世紀左右，隨匈牙利人的祖先馬札爾人一路從東方遷徙到喀爾巴阡盆地的，想必「維茲拉獵犬」是當時馬札爾人（匈牙利人）游牧生活打獵維生最好的幫手。

　　說到這「維茲拉獵犬」，匈牙利歷史上跟這種狗兒最能扯上關係的國王，或許應該是馬提亞斯國王（Corvin Mátyás）。馬提亞斯國王是 15 世紀匈牙利的英主，他年輕時曾在義大利接受教育，並將當時興盛的文藝復興運動引進匈牙利，使國家在文化、藝術、學術、社會和政治各方面革新進步。因為他平素就喜歡狩獵，可想飼養的獵犬應該也不少。關於馬提亞斯國王狩獵的傳說故事，其中家喻戶曉盛傳於民間的有兩則。

　　位在布達的皇宮城堡內有組「馬提亞斯國王狩獵」噴泉雕像，雕像敘述的是傳說中馬提亞斯國王的一段浪漫愛情故事。故事述說著：馬提亞斯國王在一次狩獵途中，邂逅了一位人稱「美麗的 Ilonka」的村姑（Szép Ilonka，Szép 匈文是「美麗的」之意，形容這位村姑 Ilonka 是個美女），兩人一見鍾情墜入情網。但是，後來美麗的村姑 Ilonka 得知了馬提亞斯的真實身分後，知道這段戀情不可能會有所結果，以致終日以淚洗面，最後傷心而死。

　　這組雕像昂立在上的便是馬提亞斯國王，右下角的那位美麗女子便是 Ilonka，其他幾個人物是國王的臣子。雕像中幾條隨行的狗便是純種的匈牙利「維茲拉獵犬」，可以知道這組雕像所描述的故事，便是發生在馬提亞斯國王的狩獵途中。

　　第二則故事同樣也是發生在馬提亞斯國王的狩獵途中，只是故事情節沒有浪漫只有傳奇。話說有次馬提亞斯國王在森林裡打獵，一天下來一行人開始覺得有點口渴了，剛好經過一處水磨坊，國王便下了馬向磨坊主人 Kinizsi Pál 要水喝。

　　因為 Kinizsi Pál 是個大力士，他一聽國王要喝水，順手取來一旁的石磨，便將水杯放在石磨上端給國王。這樣的「驚人之舉」讓馬提亞斯國王當場讚為奇人，馬上將他收編麾下。Kinizsi Pál 在戰場上屢建奇功，最後晉升到大將軍。據說在某次慶功宴上，他兩手各抓起一個土耳其俘虜，嘴裡再咬著一個俘虜，竟然這樣還能輕鬆地跳著凱旋舞。巴拉頓湖北邊不遠處有個 Nagyvazsony 小村莊，村莊裡就有座這位大力士將軍 Kinizsi Pál 的城堡。

1.「馬提亞斯國王狩獵」噴泉雕像，敘述傳說中馬提亞斯國王的愛情故事 2.昂立在上手持弓弩的雕像，便是馬提亞斯國王 3.右下角的雕像，便是這段愛情故事的女主角「美麗的 Ilonka」4.雕像群中幾條隨行的狗便是純種的匈牙利「維茲拉獵犬」

布達狗市
只此一次

　　馬提亞斯國王除了喜愛狩獵外，他也是一位親民愛民的國王，據傳說，他時常微服深入民間探訪民情。有關他微服探訪民情的故事更是讓人津津樂道，這些故事在民間流傳久遠，久而久之有些甚至已變成是民間的俗諺了。這樣的俗諺也不乏與狗兒相關的故事，其中最有名最有趣的莫過於這兩則：「布達狗市只此一次」、「不吃湯匙的人才是狗」。

　　話說有一次馬提亞斯國王又微服出外探訪民情，他喬扮成是個平凡的軍人來到鄉下。途中碰到一個富有的農夫和一個貧窮的農夫正在耕田，富農夫駕著六頭壯牛拉的犁，輕輕鬆鬆地耕著田；貧農夫則自己跟一頭老牛一起拖著犁頭，辛苦地在整地犁田。馬提亞斯國王看到這情景，便對這個貧窮的農夫和他的老牛起了憐憫之心。

　　他於是告訴這富農夫：「你何不借兩頭牛給這位可憐的農夫犁田，你看他的牛又瘦又老就快累死了。」富農夫回答：「這是他家的事，你也少管閒事吧。」

　　馬提亞斯於是轉身告訴窮農夫：「這頭老牛實在太老了，我看牠再也拖不動了。你不如宰了牠，將牛肉、牛皮賣了變現，再去購買一些狗兒。然後明天帶這些狗兒到布達城堡去，說不定你會碰到好運氣。」馬提亞斯從行囊裡掏出一袋錢來，接著說：「你瞧，這些錢是我昨天在布達城堡賣了六隻狗的所得。你看，價錢還不錯喲。」

　　窮農夫並不知道他是當今國王喬裝的，因此對這位陌生人的話半信半疑，不過他也沒有其他更好的選擇。於是他照著建議殺了老牛買了很多隻狗兒，隔天帶著這群狗兒便往布達城堡去，一路上卻遭到富農夫及村民們的取笑。

　　當窮農夫來到布達城堡的市場時，守衛城堡的士兵斥喝著將群眾驅趕出市場，只留下窮農夫及他的狗兒。此時，馬提亞斯國王帶著一群王公貴族出現在他眼前，開口說：「我下令士兵將群眾事先驅離，是因為我不想讓他們搶先以賤價購買了這些好狗兒。而且我帶來的這些貴族們，他們會以最好的價錢跟你買狗，當然我自己也要買幾隻。」窮農夫終於把狗兒全都賣掉了，並獲得好大一筆錢財。這時候，窮農夫才認出眼前的國王，便是昨天向他提出建議的陌生人。

　　窮農夫就帶著這筆錢去買了好多頭牛，高高興興地返回村莊，他慶幸以後終於有好牛可以輕鬆耕田了。路上適巧碰見那個富農夫，窮農夫便告訴他：「布達城堡今天的狗價相當好，我那些狗兒賣了很多錢。」

　　富農夫一聽有這千載難逢賺錢的好機會，回到家便把他的牛隻及其他所有牲畜全都賣了，然後將變賣所得全部拿去買狗兒，打算明天也要去布達城堡的狗市大撈一筆。

　　隔天一早，當他帶著這一大群狗兒來到布達城堡的市場，正準備大肆叫賣。城堡的士兵卻趕他出去不准他賣狗，並告訴他：「布達城堡的狗市僅只昨天開張一次，以前沒有過，之後也不會再有了。」一聽士兵這麼說，貪心的富農夫後悔莫及，知道自己已經血本無歸了。

　　這句俗諺的匈牙利文是「Egyszer volt Budan kutyavasar」，翻成英文是「Dog fair at Buda only once」，中文即是「布達狗市只此一次」，引申的意思就是「福無雙至」或「好康不再」。

布達山上最重要的建築便是「皇宮」，原址是貝拉（Béla）四世國王於13世紀時最先在此建造的「布達城堡」，之後的多位國王陸續有所擴建。目前的巴洛克建築形式皇宮是於 1903 年重建完成

Budapest
Duna
多瑙河
Tisza
提薩河
Balaton
巴拉頓湖

漁人堡／布達佩斯

　　「漁人堡」或稱為「漁夫堡」位在布達城堡區，是布達佩斯最吸引目光的景點之一，尖塔共有7座，分別代表組成匈牙利民族的7個部族。「漁人堡」建成於1902年，此處在中世紀時曾是個魚市場，是漁民作息的活動範圍，因此，這些碉堡群就稱為「漁人堡」。

　　「漁人堡」一處面向佩斯的迴廊是俯視布達佩斯最佳的地點，迴廊邊就是個咖啡座，坐下來喝杯咖啡吹吹拂面而來的涼風，順便欣賞山下的美景，是一種難得的享受。

★相關資訊：www.fishermansbastion.com

不吃湯匙的人
才是狗

　　又有一次，馬提亞斯國王喬裝成窮人的樣子，混在人群進入一個農莊。這農莊裡住著一個牧羊人，那時剛好是寒冬，所以農莊的這牧羊人便邀請他到家裡吃飯。牧羊人養了一隻看守羊群的「波利犬」，馬提亞斯看牠可愛的樣子也很喜愛。牧羊人招待馬提亞斯一整天，但始終沒有認出他是當今的國王。吃過飯後，喬裝成窮人的國王謝過了主人，並記下這位農莊牧羊人的姓名。

　　回到布達城堡的皇宮後，馬提亞斯國王遣人送信，邀請這個牧羊人跟他的波利犬一起到皇宮來作客，但並未說明邀請原因。所以牧羊人並不知道邀請他的國王，便是那天接受他招待的窮人。

　　牧羊人盛裝打扮之後，便帶著他的波利犬前往布達城堡去。到了城堡的城門，守門的衛兵問他要進城做什麼？他回說：「要見國王。」衛兵疑惑地問：「帶著狗兒見國王？」牧羊人拿出國王的信，回答：「不信你看這邀請信，我的狗兒也在受邀之列呀！」

　　衛兵看完信便向牧羊人說：「看來，國王將會給你一筆獎賞。這樣吧，你若答應分給我獎賞的一半，我便放你進城去。」牧羊人答應了，進城後他走到了皇宮大門。

　　皇宮大門的衛兵又擋住他問：「你帶著狗兒到皇宮做什麼？」他回答：「見國王。」衛兵不信，於是他又出示邀請信，證明他跟他的波利犬都是國王的賓客。衛兵說：「什麼！帶著狗要進皇宮？」「這樣吧，國王召見你入宮，必定有獎賞給你，你分一半的

獎賞給我，我便讓你進皇宮。」牧羊人也一樣慷慨地答應了。

農莊主人進了皇宮，看見國王準備了豐盛的宴席迎接他。除了馬提亞斯國王本人外，在座還有許多王公貴族。此時，他認出坐在正中央的國王，便是那天接受他招待的那個窮人。

親民愛民的馬提亞斯國王，私底下是個風趣愛開玩笑的人。其實，他邀請牧羊人到皇宮作客，除了是要答謝他之外，也是想開個玩笑討他開心。因此，他事先就交代服侍人員，餐桌上只有牧羊人的位置不要擺放湯匙。

宴席開始了，首先端上來的便是湯。國王說話了，他說：「我的嘉賓呀，不喝湯的人便是『狗』。」除了牧羊人之外，所有的賓客都拿起了桌上的湯匙開始喝起湯來。在座所有的嘉賓唯獨牧羊人桌上沒有湯匙，他心想：「哎啊，我沒有湯匙可以喝湯，那我不喝湯不就成了『狗』了嗎？」但他又無法用刀或叉來喝湯，當他正感到懊惱時，突然心生一計來。他拿起桌上的麵包，用餐刀削下一塊來，將裡面的軟麵包取出給他的波利犬吃，然後便用硬硬的麵包殼充當湯匙來喝湯。

所有的賓客都被他這當場的機智所驚嘆，這時牧羊人說：「我的國王剛剛說『不喝湯的人便是狗』，我現在倒要說『不吃湯匙的人才是狗』。」說完這話，他便將已經被湯泡軟的麵包殼也吃下肚去。

眾人一聽他說「不吃湯匙的人才是狗」，又看他把「湯匙」真的也吃了下去，覺得他的臨場反應又機智又好笑，國王也開心地捧腹大笑了起來。

餐後，馬提亞斯國王便問牧羊人想要什麼禮物作為獎賞？牧羊人說：「我的國王呀，我想討打『50 大板』作為獎賞。」國王困惑地問：「我的朋友呀，我邀請你來並不是要懲罰你，而是要討你開心；但沒料到，結果反而是你討了我開心。因此，我要加倍獎賞你。」「我的朋友呀，請老實告訴我，為何你請求『50 大板』作為獎賞？這該不會又是另一個玩笑吧？」

牧羊人便將進皇宮之前兩個衛兵的無理索討，一五一十地告訴了國王。牧羊人說：「請國王就將這加倍獎賞的『100 大板』，各分 50 大板賞給這兩個衛兵吧。」

這逗趣的故事，不但讓人看到了馬提亞斯國王和這牧羊人的幽默感，從這隻波利犬跟著主人一起受到國王邀宴的禮遇，我們也見識到了狗兒受到像人般對待的情形。從以上這些有關狗兒的民間故事，不難知道狗兒一直是匈牙利人生活的一部分，也一直是匈牙利文化的一部分，這樣的愛狗文化，似乎是有其歷史淵源的。

狗兒
為何在流浪？

　　前不久，我的老友匈牙利地理博物館 Kubassek János 館長受邀訪臺。在他停留臺灣期間，我特別邀請他前往宜蘭一日遊。一方面是我們兩人對於匈牙利傳奇人物——貝紐夫斯基（Benovszky Móric）1771 年的訪臺之行都有些研究；一方面也是因為匈牙利是個內陸國，四面完全不臨海，所以他對於親近海邊特別有興趣。

　　因為蘇澳灣和冬山河口正是當年貝紐夫斯基可能的兩個登陸地點，所以為了更接近歷史事實，當天我特地將車子開到蘇澳灣的港灣口和冬山河的出海處，好一窺並感受 1771 年貝紐夫斯基船艦入港的景象（如想了解貝紐夫斯基 1771 年登陸臺灣這一歷史事件之詳情，請參閱拙著《1771 福爾摩沙——貝紐夫斯基航海日誌紀實》，前衛出版社）。沒料到，光在這兩處我們就見著好幾隻流浪狗在徘徊。我這位匈牙利朋友見這情景，隨口喃喃地說著：「abandoned dogs？」我見他的眼神投射出一種疑惑的表情，似乎在問著：「狗兒為何在流浪？」

　　匈牙利人如此愛狗有加，難怪在布達佩斯街頭幾乎看不到流浪狗，「流浪狗」這個名詞在匈文中似乎也是個罕用字。反觀我們臺灣，流浪狗一直是個擾人難解的問題，不光是鄉間野外，即便是首善之區的臺北市，也一樣見得到流浪狗的蹤跡。可見，關於善待萬物、尊重生命這點，我們似乎還不夠文明，或許我們也該學學匈牙利人善待狗兒的態度，讓狗兒從此不再到處流浪了。

「新藝術」建築
在匈牙利

「新藝術」建築大師
Lechner Ödön

　　布達佩斯之所以有「東歐巴黎」（或「中歐巴黎」）的美稱，美在她擁有足以媲美巴黎的建築。巴黎的建築之美散發一種雍容脫俗的氣質，而布達佩斯的建築之美，則讓人品味到含蓄蘊蓄的歲月滄桑。

　　走在布達佩斯街頭，隨處可以看到巴洛克、新文藝復興、新古典、羅馬式……，甚至新藝術風格的建築；門窗欄杆的鐵雕、門柱山牆的雕像，甚至是屋瓦牆飾的彩陶，在在都有看頭。這些賞心悅目的建築佳構，多數完成於19世紀中葉至20世紀初「奧匈帝國」時期，尤其是在1896年「匈牙利千禧年」的前後幾年。在這些不同時期的建築風格當中，最值得一提的是「新藝術」建築；因為有別於歐洲其他地方，匈牙利的「新藝術」建築具有獨特的自我民族風格。

　　「新藝術」（Art Nouveau）是大約自1890年至1910年風行於歐洲（特別是法國及比利時）的一個藝術風潮，具體的運用則是表現在美術、插畫、設計、家具、飾物、工藝以及建築上。其表現風格多見曲線、弧線，甚至打破死板的對稱規則，並喜用花草、自然、鳥獸或女性等元素，以營造浪漫柔美具有人性的美感，這或許也是對工業革命制式剛強的一種反思吧。

　　這個「新藝術」風潮在歐洲的發展雖然有如曇花一現，只有短短20年左右的時間，但匈牙利卻也深受此流行之影響。匈牙利引領這波風氣最具代表性的人物，便是著名的建築師Lechner Ödön。他嘗試並開創以匈牙利獨有的風格來闡釋「新藝術」建築，

因而他被公認是匈牙利的「新藝術」建築大師，並享有「匈牙利高地」的封號。他曾許下豪語：「屬於匈牙利式的造型語言，雖然過去不曾存在過，但從我開始便要出現了。」

　　Lechner Ödön 於 1845 年出生在佩斯，先後在布達佩斯及柏林研讀建築，之後又前往義大利、法國研究。布達佩斯「瓦西街」（Vaci utca）上的「Thonet-ház」（地址：Váci utca 11）建於 1889 年，是他早期設計的一棟建築佳作。從這棟美輪美奐的建築物外表，其實早就能嗅出 Lechner Ödön 即將創造的「新藝術」風格了。

Lechner Ödön 的雕像就豎在他的經典之作工藝博物館外面

1. Thonet-ház 外牆的陶瓷圖案花飾美輪美奐 *2.* 從這棟位在布達佩斯「瓦西街」Thonet-ház 的建構細節,已能嗅出 Lechner Ödön 即將開創的「新藝術」風格了 *3.* 這棟 Thonet-ház 是 Lechner Ödön 早期設計的建築佳作

大師經典之作
「工藝博物館」

　　自 1890 年代起，Lechner Ödön 即開始鑽研發展匈牙利形式的「新藝術」建築風格，他認為匈牙利民族既是來自東方，其建築精神的根源應也在東方；因而他從印度伊斯蘭式的建築得到了一些靈感，並巧妙地結合了匈牙利民族的傳統元素，形塑出一種嶄新而獨特的建築綜合體。

　　Lechner Ödön 畢生設計建作的「新藝術」建築為數眾多，享有美譽的經典傑作就至少超過 10 棟以上。不過以下這幾棟位在布達佩斯市區裡的絕品，應該算是他最為世人所稱道的代表作了。

　　布達佩斯的「工藝博物館」（Iparm vészeti Múzeum，或稱為「應用美術博物館」，地址：Üll i út 33-37）建於 1896 年，它便是 Lechner Ödön 根據獨創的概念所設計的。設計上除了諸多屬於印度伊斯蘭東方建築元素外，屋瓦部分則採用來自南部大城 Pécs 有名陶瓷廠「Zsolnay」所生產的黃、綠彩色陶瓷，並以馬賽克拼圖方式表現出匈牙利傳統的刺繡圖飾。

　　從博物館入門處欄杆、地板、天花板的花式設計就大有看頭，更遑論博物館內部觸目所及的門廊、天井、雕飾的線條之美了，這真是 Lechner Ödön 獨創的匈牙利式「新藝術」建築的經典之作。如果要問哪棟建築最能代表匈牙利，那就非這棟「工藝博物館」莫屬了。

1

2

3

4

5

6 7

8

1.工藝博物館巧妙地結合了匈牙利民族的傳統元素 2.使用 Zsolnay 彩色陶瓷以馬賽克拼圖方式表現出匈牙利傳統的刺繡圖飾 3.工藝博物館入門處階梯的扶手欄杆也是 Zsolnay 陶瓷 4.天花板的花草圖案及曲線條紋都是「新藝術」的重要元素 5.地板的馬賽克拼花造型富有濃濃的傳統民俗風味 6.天井的建構線條之美是工藝博物館建築設計的菁華所在 7.工藝博物館圓穹屋頂的彩色玻璃天窗,是這整棟「新藝術」經典建築最亮眼的焦點 8.從工藝博物館內部的門廊設計,看得出從印度伊斯蘭建築得到的靈感

1899 年 Lechner Ödön 又為「匈牙利地質研究所」在布達佩斯設計建造了一棟新建築，這棟建築現在是「國家地質博物館」（Országos Földtani Múzeum，地址：Stefánia utca 14）；建築的屋瓦部分以藍色為主調，一樣採用 Zsolnay 陶瓷，內部設計則運用很多柔美的波浪線條，地板花樣及門窗框線裝飾也多採曲線造型。

　　1901 年建成的「郵政儲蓄銀行」（Postatakarékpénztár，地址：Hold utca 4）更是這位匈牙利建築大師 Lechner Ödön 的再一傑作，屋瓦部分仍然承襲「工藝博物館」的風格，採用黃、綠兩色 Zsolnay 陶瓷作圖案裝飾，牆面則鋪陳傳統民俗圖案。猛然一看，還真覺得兩棟建築黃、綠瓦片相間的屋頂設計，頗有神似之處；這也難怪了，因為這對同胞「兄弟」，都出自同一個「父親」。

⒈國家地質博物館的地板，似乎沿用之前工藝博物館的圖案設計風格 ⒉國家地質博物館內部設計，運用很多柔美的波浪線條 ⒊這棟匈牙利地質研究所建築，現在是國家地質博物館 ⒋國家地質博物館的門窗框線裝飾也多採曲線造型

3

4

1

3

2

4

　　我相信 Lechner Ödön 的這幾棟曠世大作，絕對稱得上是建築美學的珍品；所以，下次當你有機會造訪布達佩斯時，無論如何都要撥冗拜訪它們一下。當然在布達佩斯市區還有其他幾棟「新藝術」作品，也都頗有可觀之處，建議你也可以順道參觀一番。像是以下這些建築物：

· Gellért Hotel（地址：Szent Gellért tér 1）
· Gresham-palota（即 Fou Seasons Hotel，地址：Széchenyi István tér 5-6）
· Bedő-ház（即「匈牙利新藝術之家」，地址：Honvéd utca 3）
· Gutenberg-otthon（地址：Gutenberg tér 4）
· Lindenbaum-ház（地址：Izabella utca 94-96）
· Budapest Zoo（動物園，地址：Állatkerti krt. 6-12）

1. 郵政儲蓄銀行是匈牙利建築大師 Lechner Ödön 的再一傑作 2. 郵政儲蓄銀行正面山牆裝飾圖案細緻精美 3. 郵政儲蓄銀行屋瓦依舊採黃、綠兩色 Zsolnay 陶瓷作圖案裝飾 4. 郵政儲蓄銀行牆面鋪陳傳統民俗圖案 5. 如不抬頭觀望很容易錯過這棟「新藝術」建築 6. 這棟「新藝術」建築精采之處，在於它的山牆馬賽克拼圖

「匈牙利新藝術之家」藏寶屋

　　以上這幾棟「新藝術」建築物之中，特別值得前往一探的是這棟「Bedő-ház」（地址：Honvéd utca 3），它就位在「郵政儲蓄銀行」附近。因為當初建築師 Vidor Emil 是接受 Bedő 家族主人 Bedő Béla 之委託而著手設計，因此這棟建築物 1903 年完工時，便被冠以「Bedő-ház」（Bedő 之家）名稱。「Bedő-ház」現在也是「匈牙利新藝術之家」（A Magyar Szecesszió Háza）。

　　這「匈牙利新藝術之家」雖然只是個小博物館，但它就像是「新藝術」的藏寶屋，專門蒐藏並展出那個年代匈牙利各式各樣的「新藝術」物件，包括：家具、家飾、珠寶、繪畫、瓷器、餐具、用具等。「匈牙利新藝術之家」的展示空間分為幾個樓層，總面積計約 600 平方米，除了展示之外也販售展品。特別的是，收藏這些展品的這棟 Bedő-ház 建築，本身其實就是一件特大號的「新藝術」展品。

1. 這棟 Bedő-ház 建築現在也是「匈牙利新藝術之家」*2.* 這棟建築門楣處大大的「Bedő-ház」字型帶有「新藝術」風格 *3.* 這件是以女性為主題的「新藝術」雕像作品 *4.* 「新藝術」風格的玻璃器皿 *5.* 「新藝術」風格的咖啡杯組 *6.* 「新藝術」風格的水杯及杯盤

「新藝術」建築重鎮
Kecskemét

　　建築大師 Lechner Ödön 所創造的「新藝術」觀點，在當年匈牙利新一代的建築界間傳播開來，一些他的追隨者也開始學習他的風格，新的「新藝術」建築在全國各地也陸續出現。無庸置疑，首都布達佩斯當然是「新藝術」建築之菁華所在；然而，中部大城 Kecskemét 卻是擁有「新藝術」建築為數最多的地方，因此稱得上是匈牙利「新藝術」建築的重鎮。

　　Kecskemét 雖然人口不過 10 萬，卻是個美麗優雅的城市，也是著名匈牙利音樂教育家高大宜（Zoltán Kodály）的出生地，「高大宜音樂教育學院」就在市中心。Kecskemét 市區最重要的市政廳也出自「新藝術」建築大師 Lechner Ödön 之手，那是一棟橘橙色的建築，正面主牆的牆飾用的也是 Zsolnay 陶瓷，山牆則鑲著代表市徽的山羊圖案（因為 Kecskemét 的「Kecs」之匈文便是「山羊」），正門上方有個鐘樓，鐘樓內有大大小小的編鐘。我與內人造訪過 Kecskemét 這城市好幾次，有一次適巧遇上整點時刻，從不遠處市政廳的鐘樓傳來清脆美妙的音樂，叮叮噹噹的像「大珠小珠落玉盤」，很是動聽悅耳。

1. Kecskemét 的市政廳建築設計也出自 Lechner Ödön 大師手筆 *2* Kecskemét 市政廳的正面山牆就是「新藝術」造型，它在陽光照射下讓人感覺溫暖 *3* Kecskemét 市政廳的鐘樓每到整點都會以悅耳的編鐘音樂來報時 *4* Kecskemét 市政廳門廊及拱頂呈現委婉的曲線及柔和的色彩 *5* Kecskemét 市政廳入門處拱頂的彩繪圖飾具有匈牙利民族風

2

1　3

4　5

但是，其實 Kecskemét 最著名的「新藝術」建築並非這棟市政廳，而是另一棟建築於 1902 年被稱為「華麗宮」（Cifrapalota）的建築，建築設計師是 Márkus Géza。這件建築作品的外牆有豐富多彩的民俗圖案以及纖細雅致的花草紋飾，讓整體外觀顯得特別的華豔亮麗，因此被稱為「華麗宮」（Cifra 是豔麗之意，palota 即是英文 palace）。「華麗宮」彎曲委婉的輪廓線營造出婀娜多姿的體態，配上泛發匈牙利特色的橙綠兩色 Zsolnay 陶瓷瓦片，著實讓人覺得「看妳千遍也不厭倦」。「華麗宮」現今是 Kecskemét 的市立畫廊，作為藝文活動場所使用。

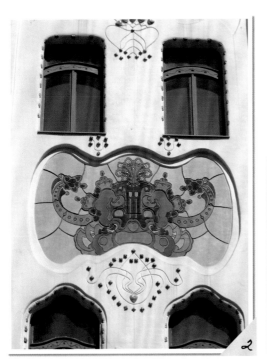

1.華麗宮在藍天的襯托下，彩繪的民俗圖案更顯得繽紛奪目。彎曲委婉的輪廓線，營造出華麗宮婀娜多姿的體態 2.華麗宮窗戶造型也採弧形線條取得一種整體協調之美 3.華麗宮外牆豐富多彩的民俗圖案及纖細雅致的花草紋飾，讓整體外觀顯得特別的華豔亮麗

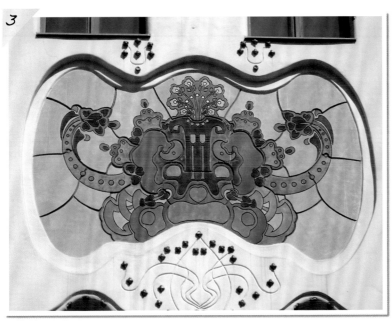

Kecskemét 的市區其實並不算大，如有時間的話不妨逛它一下，你又會發現到更多棟「新藝術」風格的建築，像是建於 1907 年的「Kecskemét 青年中心」（Kecskeméti Ifjúsági Otthon）。這些具有匈牙利風味的「新藝術」建築，實在值得你慢慢欣賞細細品味。如果對歐洲建築有興趣的話，建議你不妨遊一趟匈牙利或走一遭布達佩斯及 Kecskemét，相信你會發現這趟「新藝術」之旅絕對值回票價。

　1. Kecskemét 青年中心是另一棟優美的「新藝術」建築 2. Kecskemét 青年中心山牆流線的造型 3. Kecskemét 青年中心的牆面花飾以及圖案色彩都美

華麗宮／Kecskemét

Kecskemét 是匈牙利「新藝術」建築的重鎮，這棟名為「華麗宮」（Cifrapalota）的建築更是經典之作，匈文 cifra 是「華麗、豔麗」，palota 是「宮殿」之意。這棟「華麗宮」建於 1902 年，是建築師 Márkus Géza 的傑作，它的外牆為傳統民俗花卉彩飾，屋頂則採 Zsolnay 彩色陶瓷瓦片，是典型的匈牙利式「新藝術」建築。

★相關資訊：muzeum.kecskemet.hu/muzeumok/cifra.php#top

「古蘊風華」
特寫

Schossberber 城堡／Tura

Tura 是布達佩斯東北邊約 30 公里的小村莊，很難想像這樣一個不起眼的鄉下地方，竟然有座美麗的城堡。這座 Schossberber 城堡雖然年久失修有些樸舊，但是從它的建築造型觀之，倒還依稀能看出它當年的風華。

這座城堡為 Schossberber 家族所擁有，是匈牙利有名的建築師 Ybl Miklós 的作品，完建於 1883 年。它過去已荒廢了一段時間，聽說附近發現有地下溫泉，因此，有財團有意將之整修為四星級觀光飯店。

★相關資訊：turaikastely.hu

古城堡／Visegrád

Visegrád 是濱臨多瑙河的小村莊，人口不到 2,000 人。「Visegrád」這個字源自斯拉夫語，是「高堡」的意思，因為有座古城堡就高高座落在山崗上。最早的城堡在 13 世紀蒙古入侵時，遭到徹底破壞；後經貝拉四世國王重新築起一座新堡，之後幾個世紀，多位國王續有增建。16 世紀土耳其統治時期曾被占用，當土耳其人離開時城堡已嚴重毀損，於是就荒廢至今變成名副其實的「古城堡」。

Visegrád 在中世紀時曾經是匈牙利皇室的夏宮，每到酷夏時節，王公貴族們都到此來避暑。如今，登上城堡可以一覽多瑙河大河套之美，是個值得登高一眺的好望角。

★相關資訊：www.visegrad.hu/en

「烏鴉之石」城堡／Hollókő

這個少數民族 Palóc 傳統村落居民雖然不多，但村子裡一座古城堡，可就大有來頭了。這城堡建於13 世紀，村落「Hollókő」之名便是來自城堡的古老傳說。

依照傳說，這座城堡是由一群烏鴉銜來石塊蓋成的。匈文 Holló 是「烏鴉」之意，kő 是「石頭」之意，因此，城堡及村落的名稱就是「烏鴉之石」。事實上，城堡建在山丘上，是為了防禦入侵的蒙古大軍，山下便是 Palóc 族的房舍。

★相關資訊：www.holloko.hu/en/info/sights-and-services/museums/castle-museum

皇后城堡／Miskolc

　　Miskolc 位於匈牙利東北部，距離首都布達佩斯大約
175 公里，是匈牙利第三大城。

　　這座中世紀城堡座落在 Miskolc 市郊 Diósgyőr 附近，
城堡主體由四座樓塔所構成，經過歲月的洗禮顯得殘敗。
城堡為 14 世紀的大路易士（Nagy Lajos）國王所建造，是
送給皇后作為訂婚之禮的。因為其後多位皇后也都曾住在
這裡，因此它就被稱為「皇后城堡」。豎立在城堡旁邊這
尊雕像，就是建堡的大路易士國王。

★相關資訊：www.hellomiskolc.hu/castle-of-diosgyor

Jurisics 城堡／ Kőszeg

Kőszeg 是座位於匈牙利西部靠近奧地利邊境約 3 公里處的小城，城裡到處是文藝復興式、巴洛克式及哥德式的建築。由於這些古老建築保存得相當好，1978 年 Kőszeg 小城獲得「匈牙利建築獎」（The Hild Prize）的殊榮。這座城市自 13 世紀就存在，現今城裡的建築及遺跡，還完整地保留著當年的古風，尤其是代表性建築「Jurisics 城堡」，它可能是我在匈牙利見過少數保存完整，而且目前仍然使用的城堡之一，聽說 15 世紀當時共有 73 間房間，直到今天還是維持這個數目。

★相關資訊：jurisicsvar.hu/en/jurisicsvar

Jurisics 城堡／Kőszeg

Kőszeg 是匈牙利靠近奧地利邊境的小城，16 世紀時這個城市的市民在 Jurisics Miklos 統帥領導之下，曾與試圖入侵奧地利的過境土耳其大軍，有過一場傳奇的「圍城之戰」。

這座城堡原名 Esterházy 城堡，最早是 13 世紀時的 Esterházy 家族所擁有，1931 年收歸國有之後，才改名為 Jurisics 城堡。城堡內的博物館展出當年對抗土耳其大軍的兵器，城堡的庭院裡佇立著 Jurisics Miklos 統帥揮刀奮戰的雕像。

★相關資訊：jurisicsvar.hu/en/jurisicsvar

古城堡／Tata

　　這座位於 Tata 小鎮「老湖」湖畔的古城堡，最早建於 13 世紀初，其後的幾個世紀陸陸續續又有些修建。因此，整個建築物包容了哥德式及其後文藝復興式、巴洛克式、新古典式、浪漫主義式等多種風格，如今的城堡顯得有點殘敗。

　　當初這城堡的建造目的，一開始便是為了皇家狩獵休憩之用，即使是土耳其占領時期也從未作為戰略防禦用途。目前城堡則供作博物館使用，裡面還有家小咖啡館。

★相關資訊：www.budapest.com/hungary/tata/sights/castle_of_tata.en

閒逸的小鎮風情／ Szentendre

　　Szentendre 小鎮位於布達佩斯北面約 20 公里的多瑙河畔，小鎮住有一些藝術工作者，因此也有「藝術家小鎮」的雅稱。Szentendre 也是觀光客必訪的景點，它幾世紀以來一直是境內少數塞爾維亞人的群居聚落，所以還保存著傳統的文化，有點像淡水、九份的意味。鎮上廣場邊有座東方正教教堂，相當古老而且目前仍在使用。

　　小鎮每到假日熙熙攘攘的觀光客很多，平日則顯得相當寧靜休閒，如果喜歡幽靜閒逸的小鎮風情，不妨往陌巷小弄裡穿梭，會有不一樣的驚喜。

★相關資訊：iranyszentendre.hu/en

Palóc 傳統村落／Hollókő

　　Hollókő 是 Palóc 少數民族的小村落，人口不過三、四百人，但是由於它完整保留了 Palóc 傳統房舍及聚落型態，因此被聯合國教科文組織列為「世界文化遺產」。Palóc 傳統房舍的特色是白泥牆、黑欄杆，加上村民總愛在窗臺種植紅花，讓這個村落顯得更加優雅。這村落一年一度的大事是 4 月的「復活節」節慶活動，每年都吸引眾多的遊客前來參觀。

★相關資訊：www.holloko.hu/en

Brunszvik 莊園／Martonvásár

Martonvásár 是位於布達佩斯西南邊的小村莊，與布達佩斯相距大約 30 公里，開車很快可以到達。村莊裡的這處莊園是 Anthony Brunszvik 伯爵於 1775 年所闢建，面積廣達 70 英畝，莊園裡有別墅、教堂、公園、小湖，景致美極了。

樂聖貝多芬還常是 Brunszvik 家族的座上客，並與其家族女眷約瑟芬有段令世人津津樂道的戀情，有部電影《永恆的愛人》就是描述這段故事。目前，別墅的一部分就是「貝多芬紀念館」，裡面是個博物館，展出貝多芬生前的手稿及相關器物，包括一小撮他的頭髮。

★相關資訊：www.martonvasar.hu

市區廣場／ Győr

Győr 是匈牙利西北部通往奧地利首都維也納必經的城市，街市景觀保留了相當巴洛克的風格，是匈牙利重要的大城。市政廳是棟華麗的建築，位在往維也納的大路左側，但是主要的市區則在大路右側。

跟歐洲幾乎所有的城市一樣，大教堂前面一定有個大廣場，畫中這個大廣場是 Győr 市民活動的主要場所，有著市集、音樂會、咖啡座……。多瑙河支流穿過 Győr 市區，由市中心走過一座橋，對岸的景致相當優雅，是怡情散步的好地方。

★相關資訊：turizmus.gyor.hu/lang/en

清真寺古蹟／Pécs

Pécs 是匈牙利南部大城，早在羅馬時代就有人聚居於此，也是當時的行政中心。16 ～ 17 世紀，土耳其曾統治此城長達約 150 年，因而也留下一些伊斯蘭文化的遺跡，像是畫中這座清真寺便是個古蹟，前方天主教的「三位一體柱」也是古蹟。Pécs 是個文化古城，2010 年還被選為「歐洲文化首都」之一。

Pécs 最有名的是 Zsolnay 螢光釉陶瓷，這陶瓷廠創立於 1853 年，除了生產觀賞陶瓷外，也生產實用的瓦片及磁磚，布達佩斯許多著名的建築都採用 Zsolnay 陶瓷瓦片及磁磚。

★相關資訊：www.iranypecs.hu/en

內城廣場／Székesfehérvár

Székesfehérvár 是具歷史性的大城，歷史上許多國王及皇后曾在此加冕。內城裡有個歷代國王陵墓的園區，在此一共埋葬了 15 位國王，因而，Székesfehérvár 有「帝王之城」稱號。

內城是 Székesfehérvár 主要的市區，歷史性的建築也都在這裡，這個內城廣場就在市中心，廣場上見到的這棟巴洛克建築是「主教宮」（püspöki palota）。前方的球體雕塑則是象徵至尊權力的「王權寶球」（országalma，英文稱 orb），傳統上僅見耶穌或帝王手中掌握此球，意即宇宙地球的主宰。

★相關資訊：www.szekesfehervar.hu

廣場花圃／Vác

Vác 位於多瑙河畔，離布達佩斯計約 30 公里，是個頗受歡迎的避暑小鎮。鎮上有多座具歷史性的教堂，因此也有人稱它是「教堂之城」。

畫中的 Vác 鎮這處廣場近年整修得很美，一大片花圃綠地，還有噴水池以及一處羅馬時代遺跡。廣場邊上有數家咖啡店及餐廳，每逢周末假日，這廣場就是鎮民的活動中心，有時在廣場上還搭起舞臺，做戶外音樂會演出。

★相關資訊：www.vac.hu/nyelv/eng

公園池塘／Tapolca

Tapolca 是離巴拉頓湖北岸不遠的小鎮，是著名雕塑家 Marton László 的家鄉，這位藝術家最有名的作品，就是布達佩斯多瑙河畔的「小公主」雕像。

Marton László 在他的故鄉 Tapolca 也做了一尊同樣的「小公主」雕像，她就端坐在市中心的大馬路邊。雕像後方的「Marton Gallery」有一座四個少女分別代表春、夏、秋、冬的「四季」雕像，也是他的作品。再往裡走，便見到畫中這個美麗的池塘，它是小鎮廣場公園造景的一部分，水光明媚非常幽靜。

★相關資訊：en.wikipedia.org/wiki/Tapolca

大教堂／Pápa

Pápa 是個古鎮，最早的歷史記載出現在 1061 年，現今的小鎮將巴洛克風格街市風貌整修保存得相當完美，因而曾經獲得城鄉規劃評比的「János Hild 獎」（János Hild 生於 1760 年，是匈牙利首位城鄉規劃家）。

Pápa 鎮上最具代表性的建築有兩處，一是遠方這座建於 1786 年的大教堂；一是建於 1784 年的 Esterházy 豪邸，這兩座地標建築剛好分立在大廣場的兩端。畫中景觀是從 Esterházy 豪邸的中庭望向大教堂的背面，右方有一棵詭形譎狀的老柳樹，左方瘦長的身影則是詩人 Petőfi Sándor 的雕像。

★ 相關資訊：www.papa.hu

Calvinist 教堂／Szolnok

Szolnok 是匈牙利東半部重要的城市之一，位於提薩河（Tisza）河邊，早在一千年前就是個礦鹽交易集散中心。Szolnok 也有溫泉池，市區裡就有家溫泉飯店 Hotel Tisza。

Szolnok 雖然只是個小城市，但不乏市立藝廊及劇院等藝文公共設施，市政廳前也有噴泉廣場及藝術雕像。市區裡許多饒富風格的建築物，則令人印象深刻，像是畫中這座 Calvinist 教堂（基督教加爾文教堂）就是其中之一。

★相關資訊：info.szolnok.hu

英式花園房舍／Tata

　　Tata 小鎮離布達佩斯約 70 公里，就在通往奧地利維也納的途中，人口不過 2 萬多。Tata 之美，美在湖水，其中最大的湖是「老湖」，因此 Tata 被稱為「湖泊之鄉」。

　　老湖的對街附近有一處稱為「英式花園」（匈文 Angolkert，即英文 English Garden）的公園，建造於 1783 年，屬於 Ferenc Esterházy 伯爵家族所有，公園範圍不小，園內的森林綠蔭茂密，還有一個小湖，徜徉其間心曠神怡。在黃昏陽光的斜照下，畫中公園中的房舍也顯得慵懶閒適。

★相關資訊：www.budapest.com/hungary/tata/sights/english_garden.en

教堂巡禮

老教堂／Lébény

Lébény 是個位於匈牙利西北角的小村莊,全村居民大約只有 3,000 人,村莊裡最珍貴的寶藏就是這座具歷史性的「Szent Jakab-templom」老教堂了,它最早建於 1206 年,屬羅馬式建築教堂。它是匈牙利國寶級的建築古蹟,即使在首都布達佩斯,也可見到仿照這座老教堂建造的教堂。

教堂的正面是對稱的兩座尖塔樓,這幅畫是從老教堂的背面取景,兩座尖塔樓則隱隱約約藏在前景垂下的樹梢後面,讓它呈現出綽約之美。

★相關資訊:lebeny.hu/latnivalok/szakralis-emlekek/szent-jakab-templom

大教堂／Esztergom

Esztergom 是靠近匈牙利北部邊境的小城，隔著多瑙河對岸就是斯洛伐克，10～13 世紀時期它一度是匈牙利的首都。

因為 Esztergom 是開國君主 István 國王的出生地，因此在此地興建了畫中這座全匈牙利最大的教堂。這大教堂 1822 年起造直到 1869 年才完竣，工期總共花了近半個世紀。大教堂後方，有座 István 國王加冕的雕像，從此處就能看到對岸的斯洛伐克。

★相關資訊：kincstar.bazilika-esztergom.hu/en

木造教堂／ Miskolc

Miskolc 是匈牙利第三大城，畫中這座造型設色獨特的木造教堂就位在 Miskolc 市區。它特別之處在於整座教堂都以木材建造，主調色彩就是藍、黑兩色，屬於 Transylvania 地區的傳統建築風格。

木造教堂最早蓋於 1724 年，一直使用到 1938 年才再度重蓋，當時即採 Transylvania 建築風格。後因 1997 年一場火災燒毀，1999 年依照原貌予以復建，甚至連大門上刻鏤的年代都依照「1938 年」復原。

★相關資訊：www.hellomiskolc.hu/Wooden-Church

伊斯特凡大教堂／布達佩斯

畫中這座「伊斯特凡大教堂」是布達佩斯最大、最高的教堂。教堂自 1851 年起造，前後經過 Hild József、Ybl Miklós、Kauser József 等三位建築師之手，於 1905 年完竣，前後長達半個世紀，屬新文藝復興式建築風格。

這大教堂是為紀念匈牙利開國國王伊斯特凡（István）而建的，因而以他的名字「István」（英文拼為 Stephen「史蒂芬」）為名。教堂內室一座聖龕供奉著 István 國王的右手掌木乃伊，象徵至高無上的權柄，因而被尊稱為「聖右」。

★相關資訊：en.bazilika.biz

猶太大教堂／布達佩斯

位於布達佩斯市中心的這座猶太大教堂，是歐洲規模最大、世界第二大的猶太大教堂。第二次世界大戰期間，許多匈牙利猶太人被送往波蘭 Auschwitz 集中營之前，都先被集中在這處教堂。這座猶太大教堂內設有一個博物館，展出猶太人的傳統文物。

教堂所在的「菸草街」附近，也是布達佩斯的猶太人社區，在這社區範圍內除了這座猶太大教堂外，還有規模較小的猶太教堂，以及幾家道地猶太人口味的餐廳。

★相關資訊：www.greatsynagogue.hu/alap

山丘上小教堂／Tata

這是位於 Tata 小鎮「老湖」旁邊小山丘上的一座小教堂，不知其名，雖然嬌小不起眼，但它年紀很大了。早在 1350 年它就已經在此落戶生根了，經過 6 百多年的歲月洗禮，如今依然玉樹臨風般地屹立在山丘上。

Tata 小鎮是個可愛美麗的小鎮，有水色風光的湖泊、有凋零頹敗的城堡、有優雅閒逸的湖畔別墅，還有座綠野遊蹤的「英式花園」。

★相關資訊：www.budapest.com/hungary/tata/sights/capel.en

內城教區教堂／布達佩斯

　　這座「內城教區教堂」（Belvárosi Plébániatemplom, Inner City Parish Church）就座落在白橋旁邊，教堂1046年便已存在，是佩斯歷史最悠久的教堂，也是佩斯地區最早的一座建築物。土耳其（奧圖曼帝國）占領時期一度被充當清真寺使用，所以教堂內還見得到伊斯蘭神龕遺跡。現今所呈現的巴洛克建築外觀，是1723年一場大火後所重建的形式。

　　教堂前廣場的地面設計很用心，將多瑙河沿岸的歷史源流做了系統性的闡述，教堂地下所保留下來最早期的基礎建構，也以透明玻璃可以直接透視的方式，讓民眾得以一窺教堂的最初樣貌。

★相關資訊：visitbudapest.travel/local-secrets/inner-city-parish-church

耶穌聖心堂／Kőszeg

Kőszeg 是位在匈牙利西部邊境的小城，13 世紀時這個城市就已存在，因此也算是個古城。1532 年，這個城市城堡裡的居民曾與土耳其大軍發生一場傳奇性的圍城之役。

目前內城仍完整保存許多巴洛克、哥德式等的建築，因而這座小城曾經獲得「匈牙利建築獎」。內城大廣場上一座瘦高的教堂頗為醒目，外型遠看像極了華德迪士尼卡通標誌的城堡。畫中這座瘦高的教堂稱為「耶穌聖心堂」，建成於 1894 年，57 公尺高苗條尖聳的身軀，讓它不得不成為 Kőszeg 最高的地標。

★相關資訊：www.koszeg.hu/en/koszeg/varosnezes/latnivalok/jesus-heart-church-8

喀爾文大教堂／Debrecen

Debrecen 是匈牙利第二大城，也是東部最大的城市，但這號稱第二大城的 Debrecen，人口數也才區區大約 20 萬。有人認為「Debrecen」一字源自斯拉夫語，有「肥沃土地」之意。

Debrecen 市中心是個大廣場，畫中廣場邊這座教堂是基督教喀爾文大教堂，為城裡最顯眼的建築物。廣場上有個造景噴水池，夜晚打上燈光美麗極了。豎立在水池中的這隻鳥，應該就是傳說中，帶領匈牙利祖先馬札爾人定居在這塊土地上的「神鳥」（Turul）。

★相關資訊：eng.debrecen.hu/tourist/tourist_information

教堂遺跡／Zsámbék

Zsámbék 是離布達佩斯約 30 公里的小村莊，在此處的考古曾挖掘出凱爾特人（西元前 3～4 世紀）、羅馬人（西元 1～4 世紀）及其後阿瓦爾人（西元 6 世紀）使用的器物，因此可以證明它是個古老的村莊。

畫中這座修道院教堂於 1220 年便建造在此，但在 1241 年蒙古大軍入侵時被摧毀，其後予以重建。但 1763 年一場大地震將教堂震成斷垣殘壁後，就荒廢棄用至今。如今這座荒廢 200 多年的教堂遺跡聳立在小丘上，在落日餘暉的無力照映下，平添一股空靈孤寂的愁寞。

★相關資訊：www.1hungary.com/info/zsambek

木造小教堂／Hollókő 村

　　Hollókő 是布達佩斯東北方近 100 公里的一個小村落，村落的歷史可以追溯到 13 世紀，村民屬匈牙利的少數民族 Palóc 族人。畫中這座位在村落中央的木造小教堂雖然規格嬌小，但卻是村落最突出的地標，尖聳的塔樓整個村落都能看見。這木造小教堂，是這個幾十戶人家小村落居民的精神寄託，它最早建於 16 世紀，後來因一場大火燒毀，於 1889 年時再予重建。

★相關資訊：www.holloko.hu/en

主教座教堂／Vác

　　Vác 是位於多瑙河畔的一個小鎮，鎮上有多座歷史性的教堂，因而有「教堂之城」的別稱。Vác 早在 1008 年便設立主教教區並興建了一座主教座教堂，主教座教堂曾於 1761 ～ 1777 年間予以修建，並在大門入口處上端豎立了 6 尊聖人雕像。

　　這座主教座教堂是 Vác 主要的大教堂也是地標，教堂前就是個大廣場。但是，鎮上另外還有個大廣場，廣場上有花圃、咖啡座、餐廳以及一處羅馬遺跡，是鎮民休憩活動的場所。

★相關資訊：www.vac.hu/nyelv/eng

國家圖書館出版品預行編目資料

手繪匈牙利 / 莊宏哲　圖文.攝影. ── 初版. ── 臺
北市：華成圖書, 2016.12
　　面；　公分. ──（自主行系列；B6187）
ISBN 978-986-192-293-5(平裝)

1.旅遊 2.人文地理 3.匈牙利

744.29　　　　　　　　　　　　　　　105018966

自主行系列　B6187

手繪匈牙利

作　　者／莊宏哲
出版發行／ 華杏出版機構

華成圖書出版股份有限公司
www.far-reaching.com.tw
11493 台北市內湖區洲子街 72 號 5 樓（愛丁堡科技中心）
戶　　名　華成圖書出版股份有限公司
郵政劃撥　19590886
e - m a i l　huacheng@email.farseeing.com.tw
電　　話　02-27975050
傳　　真　02-87972007
華杏網址　www.farseeing.com.tw
e - m a i l　fars@ms6.hinet.net
華成創辦人　郭麗群
發 行 人　蕭聿雯
總 經 理　蕭紹宏
法律顧問　蕭雄淋 · 陳淑貞

企劃主編　蔡承恩
責任編輯　陳淑燕
美術設計　陳琪叡
行銷企劃　林舜婷
印務專員　何麗英

定　　價／以封底定價為準
出版印刷／2016 年 12 月初版 1 刷

總 經 銷／知己圖書股份有限公司
台中市工業區 30 路 1 號　　電話　04-23595819　　傳真　04-23597123

☻讀者回函卡

謝謝您購買此書，為了加強對讀者的服務，請詳細填寫本回函卡，寄回給我們（免貼郵票）或
E-mail至huacheng@email.farseeing.com.tw給予建議，您即可不定期收到本公司的出版訊息！

您所購買的書名/＿＿＿＿＿＿＿＿＿＿＿　購買書店名/＿＿＿＿＿＿＿＿＿＿＿

您的姓名/＿＿＿＿＿＿＿＿＿＿＿＿　聯絡電話/＿＿＿＿＿＿＿＿＿＿＿

您的性別/□男　□女　　　您的生日/西元＿＿＿＿＿＿年＿＿＿月＿＿＿日

您的通訊地址/□□□□□＿＿＿＿＿＿＿＿＿＿＿＿＿＿＿＿＿＿＿＿

您的電子郵件信箱/＿＿＿＿＿＿＿＿＿＿＿＿＿＿＿＿＿＿＿＿＿＿＿＿

您的職業/□學生　□軍公教　□金融　□服務　□資訊　□製造　□自由　□傳播
　　　　　□農漁牧　□家管　□退休　□其他

您的學歷/□國中（含以下）　□高中（職）　□大學（大專）　□研究所（含以上）

您從何處得知本書訊息/（可複選）

□書店　□網路　□報紙　□雜誌　□電視　□廣播　□他人推薦　□其他

您經常的購書習慣/（可複選）

□書店購買　□網路購書　□傳真訂購　□郵政劃撥　□其他＿＿＿＿＿＿＿＿＿＿

您覺得本書價格/□合理　□偏高　□便宜

您對本書的評價（請填代號/ 1.非常滿意 2.滿意 3.尚可 4.不滿意 5.非常不滿意）

封面設計＿＿＿＿　版面編排＿＿＿＿　書名＿＿＿＿　內容＿＿＿＿　文筆＿＿＿＿

您對於讀完本書後感到/□收穫很大　□有點小收穫　□沒有收穫

您會推薦本書給別人嗎/□會　□不會　□不一定

您希望閱讀到什麼類型的書籍/＿＿＿＿＿＿＿＿＿＿＿＿＿＿＿＿＿＿＿＿

您對本書及我們的建議/

www.far-reaching.com.tw

（沿線剪下）

華杏出版機構

華成圖書出版股份有限公司　收

11493台北市內湖區洲子街72號5F（愛丁堡科技中心）

TEL/02-27975050

（對折黏貼後，即可直接郵寄）

☺ 本公司為求提升品質特別設計這份「讀者回函卡」，懇請惠予意見，幫助我們更上一層樓。感謝您的支持與愛護！

www. far-reaching. com. tw　　請將　B6187　「讀者回函卡」寄回或傳真 (02) 8797-2007